科学出版社“十三五”普通高等教育本科规划教材
水　产　科　学　系　列　丛　书

水产药理学实验教程

湛垚垚　主编

科　学　出　版　社
北　京

内 容 简 介

本教材比较系统地介绍了水产药理学实验的基本要求、基础知识点及水产药理学实验的基本原则、操作流程和技术。其中，基础实验侧重水产药理学的基本理论，着重介绍和验证水产药理学的基本知识点和基本规律；设计性实验侧重理论与实际的结合，着重实验设计训练及知识和技术的综合。本教材所选实验均来自生产和科研实践，实验方法可靠、重复性好。

本教材适于水产动物医学、水产养殖等专业的本科生使用，也可作为水产学相关专业来华留学生的教学参考书和水产相关行业从业者的基础参考书。

图书在版编目（CIP）数据

水产药理学实验教程 / 湛垚垚主编. —北京：科学出版社，2018.6

科学出版社“十三五”普通高等教育本科规划教材 水产科学系列丛书

ISBN 978-7-03-057533-3

Ⅰ. ①水… Ⅱ. ①湛… Ⅲ. ①海洋药物-药理学-实验 Ⅳ. ①R282.77-33

中国版本图书馆 CIP 数据核字（2018）第 110325 号

责任编辑：王玉时 韩书云 / 责任校对：宁辉彩

责任印制：张 伟 / 封面设计：迷底书装

科学出版社 出版

北京东黄城根北街 16 号

邮政编码：100717

http://www.sciencep.com

北京凌奇印刷有限责任公司印刷

科学出版社发行 各地新华书店经销

*

2018 年 6 月第 一 版 开本：787 × 1092 1/16

2025 年 6 月第四次印刷 印张：7

字数：166 000

定价：29.80 元

（如有印装质量问题，我社负责调换）

《水产药理学实验教程》编委会

主　编　湛垚垚

副主编　王　丽　高明奇

编　者　（以姓氏笔画为序）

王　丽（大连医科大学）

车　鉴（大连理工大学）

毛俊霞（大连海洋大学）

孙志惠（大连海洋大学）

李　骢（大连医科大学）

陈再兴（中国医科大学）

高明奇（中国医科大学）

湛垚垚（大连海洋大学）

主　审　常亚青

前　言

水产药理学是药理学的重要分支，是一门以实验研究为基础，着重研究药物与水产动物、植物、微生物等水产生物机体相互作用的方式、规律及机制的学科。本教材可作为水产动物医学、水产养殖等专业本科生的实验教学用书，也可作为水产药物研究的基础参考书。

本教材着重介绍基础实验和设计性实验，使学生了解和掌握目前应用于水产养殖、水产品保鲜及水产动物疾病防控等方面的常见渔用药品的药理作用。所有实验均来自水产药物科学研究和生产实践。基础实验一般均列明了理论知识要点、实验目的、实验原理、实验对象、实验器材与药品、实验方法、注意事项、实验结果和讨论与思考等项目，设计性实验均包含了设计目的与要求、实验原理、实验对象、实验器材与药品、实验方法、注意事项、实验结果和讨论与思考等项目。所有实验均由研究生对其重复性进行了验证，以保证实验的可靠性和可重复性。

本教材共分为 4 章，包含 24 个基础实验和 4 个设计性实验，由湛垚垚任主编，副主编为王丽和高明奇。书中内容的编写由王丽、车鉴、毛俊霞、孙志惠、李骢、陈再兴、高明奇和湛垚垚完成，研究生杨梦羽同学进行了部分资料的收集和整理，研究生黄慧玲、舒予同学参与了书中图片的绘制工作。

特别感谢大连海洋大学常亚青教授对本教材的审校和把关，感谢大连海洋大学及其他参编单位领导的大力支持，感谢本教材的责任编辑王玉时及科学出版社其他工作人员的辛苦工作。此外，本教材的编写还得到了大连海洋大学水产与生命学院周贺老师的大力支持和帮助，在此一并表示衷心的感谢。

由于编写时间仓促，书中难免有不尽完善之处，敬请药理学界前辈、同行专家不吝赐教和指正，希望广大读者提出宝贵意见，使我们可以及时修正和改进。

编　者

2017 年 9 月

目　　录

第一章 绪 论

水产药理学实验是水产药理学课程非常重要的组成部分之一，是在水产动物整体水平、离体器官水平、细胞水平或分子水平研究药物作用的方式、规律及机制的基础实践课程。水产药理学实验课程的目的是通过实际操作、观察和分析实验现象等，验证水产药理学教学中的重要基础理论，使学生在实践中进一步巩固和掌握水产药理学所涉及的基本概念和重要知识点，同时，注重培养学生严谨的科研态度和科学思维能力，最终使学生具备实验设计、实验操作、综合分析和解决问题等的科研能力，为日后学生参与水产生产实践、指导生产用药夯实基础。本章主要介绍水产药理学实验的要求与实验室的安全规范，水产药理学实验常用实验器械和仪器的使用及操作规范，以及实验室守则。

第一节 水产药理学实验的要求与实验室的安全规范

药理学实验室是一个严肃地进行药理学实验教学和科学研究的场所。实验过程中，涉及水、电、仪器、化学试剂及各种药物等，如果操作不当，轻则会影响实验进程，重则会造成人身伤害、财产损失、社会危害等严重后果。本节重点介绍水产药理学实验室的水、电和实验过程中的安全规范，以及学生进行实验实践的安全须知。

一、实验准备的要求

1）仔细阅读和预习水产药理学实验指导，明确所进行实验的实验目的及实验要求，充分了解实验的原理、方法和操作流程。

2）根据要进行的实验内容，认真回顾药理学、生物化学、生理学及免疫学等课程中与实验相关的基础理论知识，并做到完全理解和掌握。

3）充分了解实验中所用药物的药性，并掌握其药理作用；对所用到的实验仪器，要掌握其操作步骤和注意操作规范，预测实验中可能出现的问题并提出应对的方法。

二、实验过程中的要求

1）严格遵守实验室规则，实验器材放置要整齐，装配要正确。

2）实验操作严格按照实验指导的内容进行，准确计算并称量所需药物，采用正确的方法进行给药处理。注意操作过程中要避免对实验动物或实验标本产生一些与实验要求无关的刺激。

3）认真、全面地观察、记录实验过程中出现的各种现象，对药物发生反应的时间及发展变化要进行准确、及时、客观地记录，并结合实验原理、实验内容思考出现这种结果的原因。

4）在实验中要积极主动思考，如遇到有疑惑的地方，先要自己想办法解决，如果实在解决不了，则应及时向指导老师说明情况并请教解决方法。

5）实验中要小心使用各种实验器材，避免违规操作及实验药品、试剂的污染，以增加其使用寿命。对于比较昂贵的仪器，在没有了解并掌握其使用方法之前，不可轻易地进行调试，以免损害仪器。试剂和药品的使用要适量，应尽量避免或减少药物使用不当而对动物造成的不必要的伤害。

6）在实验过程中要保持安静，不得随意走动和喧哗，并保持实验室卫生整洁，营造良好的实验环境。药品和试剂用完后必须原样放回，公用器材和药品原则上不能任意挪动。

7）人身安全第一，杜绝火灾、触电、中毒、腐蚀等意外事故的发生。万一有意外情况发生时，应该及时通知指导老师，立即处理，切勿隐瞒。

三、实验完成后的要求

1）仪器使用完毕按要求关闭电源，及时清除仪器内外表面的污染物。清点实验器材，洗净擦干后放回到指定位置。若发现有器械缺失或损坏，则应及时向负责老师报告。

2）实验完成后，将实验废弃物品、存活实验动物及动物尸体分门别类存放，并统一送至指定地点进行处理，禁止随意丢弃，同时值日生要做好实验室台面与地面的清洁卫生工作。

3）认真及时地将实验记录和结果进行整理分析，并撰写成实验报告，按时交给实验指导老师。

四、实验室安全注意事项

1）离心机使用时注意离心管对称平衡放置、锁紧离心机转子。使用冷冻离心机时要盖紧盖子，保持离心槽低温。盐溶液或次氯酸钠对金属有腐蚀性，所以不能用金属离心管。使用前检查离心转子和离心桶是否被腐蚀或者有细微裂痕。

2）使用微波炉加热时不可使用金属容器，盖子应打开，以免爆炸。

3）超净工作台酒精灯内的乙醇不要装得太满。操作中一旦着火，保持镇静，用湿毛巾覆盖，或用泡沫灭火器，切勿使用水冲洗。

4）使用烘干箱烘干或者灭菌时一定要有人看守，温度超过100℃不能通风，冷却后才能打开柜门。

5）高压灭菌锅使用前检查蒸馏水是否充足，按照规定设置好参数，使用后要注意待压力降到零后方可打开。

6）使用电泳系统时，首先根据实验目的选择正确的电泳仪。确定电源插座有接地保护，电泳进行期间避免身体和电泳液接触。

7）在使用凝胶成像系统时，应注意避免溴化乙锭和紫外线辐射对身体造成的危害，必须戴手套操作，并注意不要污染暗箱的表面。关闭暗箱之前不要打开紫外线灯，以免受到辐射。

8）在使用、接触具有致癌或有毒的药品如溴化乙锭、苯酚、三氯甲烷（氯仿）、丙烯酰胺、甲醛、秋水仙素、二甲苯、硫酸、二甲基亚砜等时，应严格按照实验操作规范进行实验，操作时戴防护手套、口罩等，在通风橱或通风良好的地方进行实验。

9）对于危险化学药品应当分类分项存放，通道应达到要求的安全距离，储存不得超量。对于受阳光照射易发生燃烧、爆炸或产生有毒气体的危险化学品和罐装、桶装等易燃气体、液体，应当于通风阴凉处存放。对于遇火、遇潮易发生燃烧、爆炸或产生有毒气体的危险化学品，则不能于露天、潮湿、漏雨和低洼易积水处存放；对于化学性质与防火、灭火方法相互抵触的危险化学品，则不能于同一储存室或同一仓库进行存放。

10）压缩气体（剧毒、易燃、易爆、腐蚀、助燃）钢瓶的管理：①要存放在安全的地方（加锁铁柜或单独房间内）。②不可靠近热源，可燃、助燃气瓶使用时与明火的距离不得小于 10m。③化学性质相抵触，能引起燃烧、爆炸的气瓶要分开存放。④不得使用过期未经检验的气瓶。各种气瓶必须按期进行技术检验。盛装腐蚀性气体的气瓶，每两年检验一次；盛装一般气体的气瓶，每三年检验一次；盛装惰性气体的气瓶，每 5 年检验一次。气瓶在使用过程中，发现有严重腐蚀或损坏时，应提前进行检验。⑤气瓶内的气体不能用尽，必须留有剩余压力或质量，永久气体气瓶的剩余压力应不小于 0.05MPa；液化气体气瓶应留有不少于 0.5%～1.0%规定充装量的剩余气体。⑥气瓶的瓶帽要保存好，充气时要戴好，避免在运输装卸过程中撞坏阀门，造成事故。

第二节 水产药理学实验常用实验器械的使用及操作规范

一、常用手术器械

实验中常用的手术器械主要包括手术刀、手术剪、粗剪刀、手术镊、止血钳、玻璃分针、颅骨钻、骨钳、气管插管、金属探针、蛙心夹、动脉夹、血管插管、注射器、固定板等，如图 1-1 所示。

1. 手术刀

手术刀主要用来切开动物的皮肤和脏器。手术刀片主要有三种，包括尖刃、圆刃和弯刃。手术刀柄也包括多种，其中实验室中最常用的是 4 号和 7 号刀柄。按照实验的不同要求和手术部位、性质的需要，可自由地拆装和更换相应的手术刀片。安装与取下刀片的方法如图 1-2 所示。

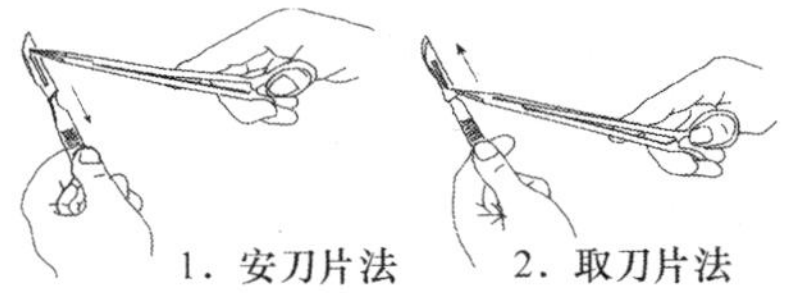

图 1-2 安装与取下刀片的方法

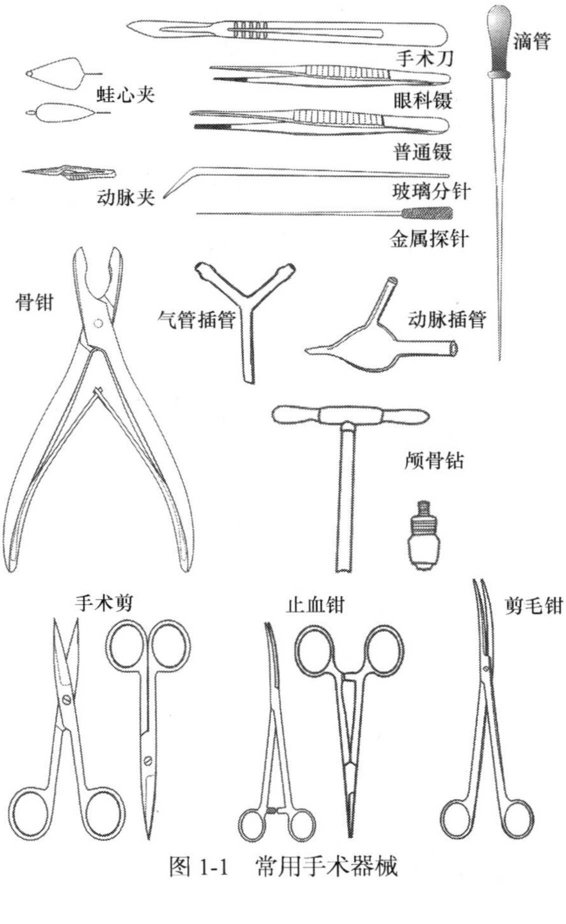

图 1-1 常用手术器械

手术持刀的方式主要有“执弓式”“执笔式”“握持式”和“反挑式”4种，如图1-3所示。其中“执弓式”持刀法是较为常用的一种方式，其优点是动作灵活、范围广泛，主要用于颈部、腹部和股部等处的皮肤切口。

2. 手术剪

手术剪主要包括两种，分别为钝头剪和尖头剪。尖端又分为直头和弯头两类。主要用于皮肤、肌肉等软组织的剪切，也可用于组织分离，即将剪刀尖插入组织间隙中，进行无大血管结缔组织的分离。此外，还有一种小型眼科剪，主要用于血管、神经等软组织的剪断。一般情况下，深部操作宜选择弯头剪，可避免误伤。钝头直剪常用于剪线，而剪毛一般用钝头、尖端微翘的直头剪。手术正确执剪的姿势是利用大拇指与无名指持剪，食指置于手术剪的正前方，如图1-4所示。

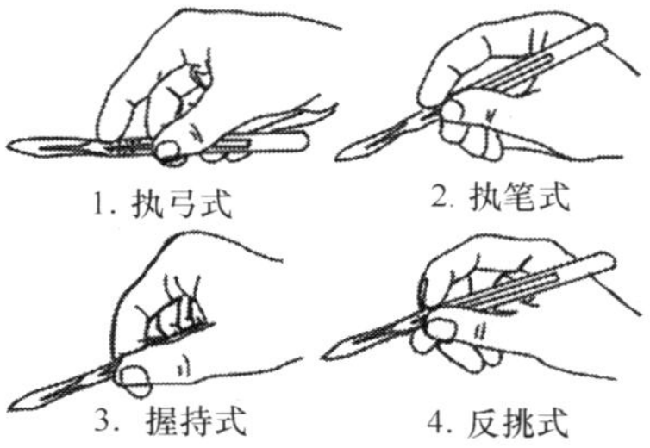

图1-3 4种持刀的方法

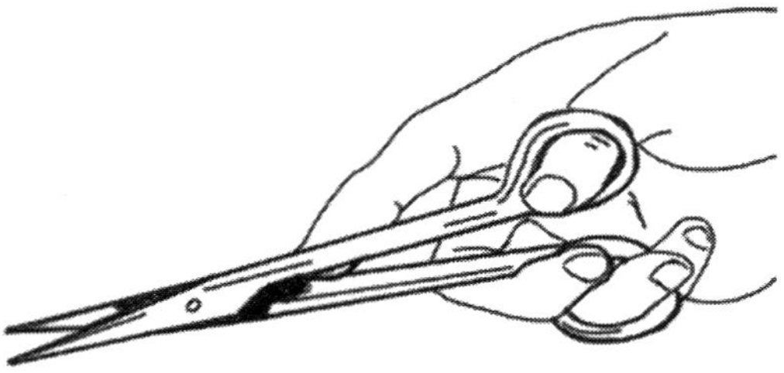
图1-4 手术剪的正确握持方法

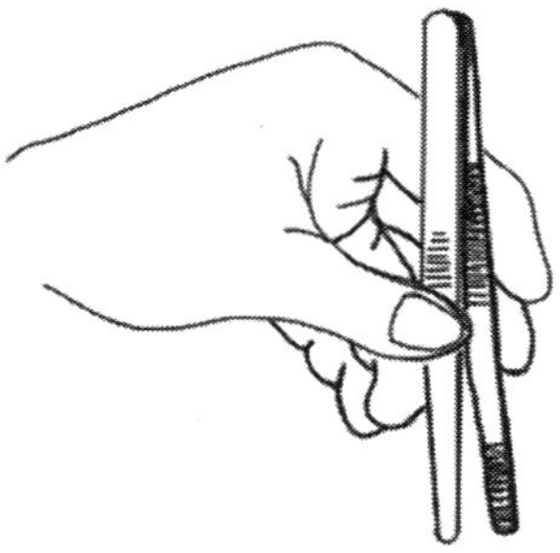
图1-5 正确执镊的方法

3. 手术镊

手术镊的种类繁多，名称也不完全统一，常用的包括无齿镊和有齿镊两种，主要用于夹住或提起组织，以便进行剥离、剪断或缝合。无齿镊主要用于夹持血管、神经、肠壁和软性脏器等较为脆弱的组织，而不至于使其受到损害。有齿镊主要用于提起表皮、皮下组织、筋膜、肌腱等较为坚韧的组织，使其不易滑脱。但有齿镊不能用于夹持重要器官，以免造成损伤。正确执镊的方法如图1-5所示，用力适当地把持即可。

4. 止血钳

止血钳又称血管钳，可分为直头、弯头、带齿和蚊式钳等多种。主要用来夹血管或止血点，以达到止血的目的。同时也可以用于分离组织、牵引缝线、把持或拔针等操作。正确的持钳与持剪方式基本相同，放开止血钳的方法是利用已套入止血钳的拇指与无名指相对按压，继而两指向相反的方向旋开，即放开止血钳，如图1-6所示。

5. 玻璃分针

玻璃分针专用于分离神经和血管等组织，因其光滑，故对组织不易产生损伤。用时应沾少许林格液或生理盐水。

6. 颅骨钻

颅骨钻主要用于开颅手术时打孔、钻孔。

7. 骨钳

先用颅骨钻钻孔，然后用骨钳咬切骨质，扩大骨孔。

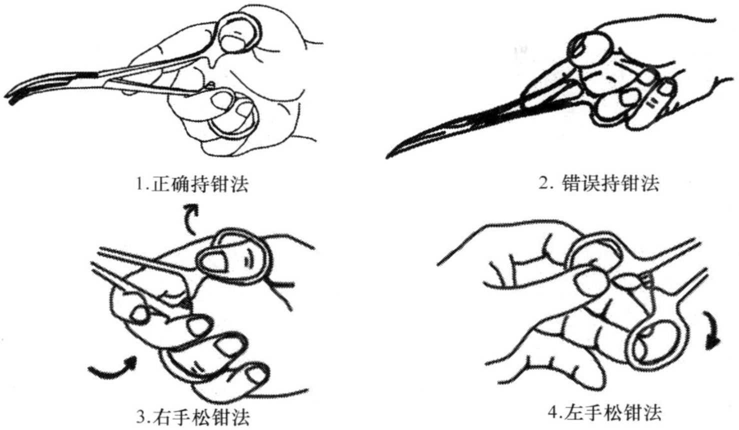

图 1-6　正确持钳和松钳的方法

8．气管插管

气管插管主要用于在进行急性大型水产动物实验时插入气管，以维持呼吸通畅。将一端接气鼓或换能器，可记录呼吸运动。

9．金属探针

金属探针用于破坏蛙类的脑和脊髓。

10．蛙心夹

使用时将一端夹住实验样本（如蛙心的心尖），另一端借缚线连于换能器（或杠杆），来记录样本（如心脏）的运动。

11．动脉夹

动脉夹用于阻断动脉血流。

12．血管插管

动脉插管用于在急性动物实验时插入动脉，另一端接压力换能器或水银检压计，以记录血压。静脉插管，插入静脉后固定，以便于记录静脉压或在实验过程中随时用注射器通过插管向动物体内注射各种药物和溶液。

13．注射器

注射器分为一次性塑料注射器和可重复使用的玻璃注射器，常用容量有 1～20ml。注射器抽取药液时应将活塞推到底，排尽针筒内的空气，安装针头，注射器针头的斜面与注射器容量刻度标尺在同一平面上，旋压紧针头。

14．固定板

固定板（图 1-7）通常为一块 15cm×20cm 的木质平板，用于固定实验动物。

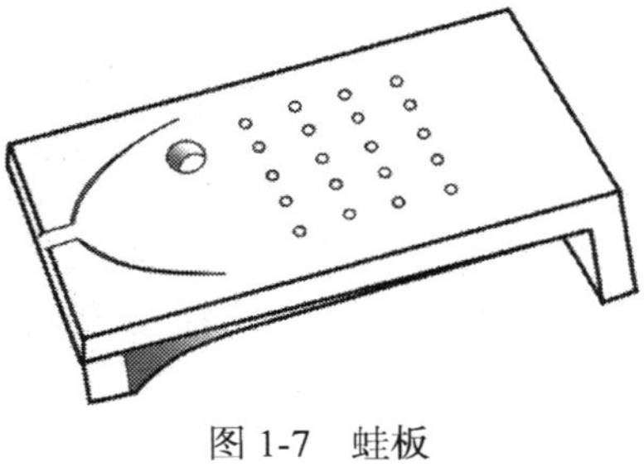

图 1-7　蛙板

二、手术器械的注意事项

各种手术器材在使用完毕后，必须及时清洗，齿间、轴间的血迹也应用小刷子清洗干净。洗净后用干布擦拭干净。对于长时间不使用的金属器械应定期擦油进行保养。

第三节 常用实验仪器的使用及操作规范

一、分光光度计

1．工作原理

分光光度计的工作原理主要是基于朗伯-比尔（Lambert-Beer）定律。当一束平行的单色光通过某一均匀的有色溶液时，溶液的吸光度值与溶液的浓度和光程的乘积成正比。其公式如下。

$$A=kbC$$

式中，A 为待测物质溶液的吸光度值；k 为待测物质溶液的吸收系数；b 为液层厚度（即比色皿或吸收池的光程），单位为 cm；C 为待测物质溶液的浓度。

朗伯-比尔定律的成立需满足三个假设条件：第一，假设使用的入射光是单色光；第二，假设入射光是平行光；第三，吸光粒子的行为相互之间没有关系，并且不受粒子数量和种类的影响。实际上，样品的处理方式、测量的光程、杂散光、噪声、光谱宽带、化学因素及其他因素都会对该定律造成影响，使其发生一定的偏离。在常规测试中需要对以上因素加以考虑。

2．类型

按照波长及应用领域的不同可以分为以下 5 种。

1）测定波长为 200～400nm 紫外线光区的紫外分光光度计。

2）测定波长为 400～760nm 可见光区的可见分光光度计。

3）测定波长大于 760nm 红外线光区的红外分光光度计。

4）测量液相荧光标记物发出的荧光光谱的荧光分光光度计。

5）测量物质所产生蒸气中的原子对电磁辐射吸收强度的原子吸收分光光度计。

3．基本操作

以 V-5000 型可见分光光度计（图 1-8）测定吸光度值的使用方法为例介绍如下。

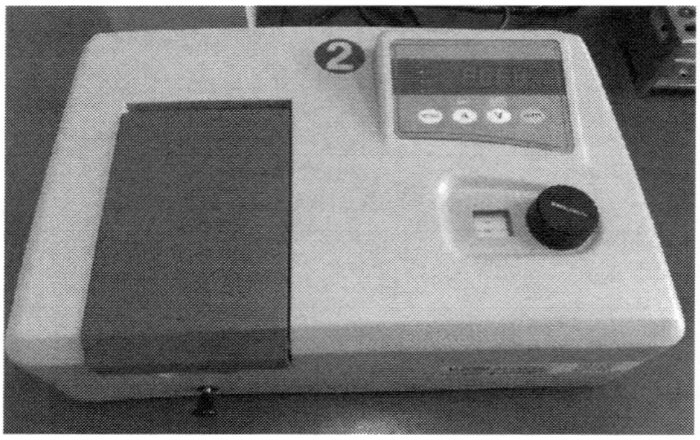

图 1-8 V-5000 型可见分光光度计

1）仪器通电，开机、预热。

2）测试方式设置，V-5000 型可见分光光度计的测试方式包括 4 种：透射率测量（T）、吸光度值测量（A）、浓度（C）和浓度系数（F）测量，在操作面板上通过按动“MODE”

键使仪器状态灯指在“A”上。

3）波长选择：转动波长调节旋钮，使波长刻度线指在待测波长位置。

4）将空白样品或样品液放入光路中，按“0ABS/100%T”键，将在当前测试波长下对空白样品或参比液进行调 0.000ABS。

5）样品测定：将待测样品液分别放入光路中，此时显示的读数就是样品在当前测试波长下的吸光度值。

4．注意事项

1）分光光度计应放在干燥的房间内，使用时放置在坚固平稳的工作台上，室内照明不宜太强。

2）若大幅度改变测试波长，需稍等片刻，待灯热平衡后，需重新校正，然后再开始测量。

3）添加的液量要超过比色皿的 2/3，并保证比色皿光滑面的清洁。在进行紫外分光光度测量时，不能使用光学玻璃材质的比色皿，必须使用石英材质的比色皿。

4）比色皿使用完毕后，应立即用蒸馏水冲洗干净，并用干净的擦镜纸或柔软的纱布将水迹擦去，避免破坏比色皿表面的光洁度，影响比色皿的透光率。

二、离心机

1．工作原理

离心机的转子高速旋转时会产生强大的离心力，能够加快液体中颗粒的沉降速度，使得样品中不同沉降系数和浮力密度的物质分离开。相对离心力（relative centrifugal force，RCF）是指重力加速度（gravity acceleration，g）的倍数，离心力的公式为

$$\text{RCF}（g）=1.118\times10^{-5}\times\text{转速}^2\times r$$

式中，r（radius）为离心机转子的半径；转速为每分钟转数（revolutions per minute，r/min）。

2．类型

实验室常用的离心机依据转速的不同可以分为以下 3 种。

1）转速低于 4500r/min 的低速离心机，其离心容量为 2～4L。低速离心机常用于对生物大分子、细菌沉淀物等的大量提取。

2）转速高于 4500r/min、低于 25 000r/min 的高速离心机，多用于搜集微生物、细胞碎片、细胞、大的细胞器、硫酸沉淀物及免疫沉淀物等。

3）转速高于 30 000r/min 的超速离心机，能使亚细胞器分级，并用于蛋白质、核酸分子质量的测定等。

3．基本操作

以实验室低温高速离心机（图 1-9）为例介绍如下。

1）接通离心机电源，打开离心机盖，按需要选择合适的离心转子进行安装（低温离心时，需预冷离心机）。

2）选择合适的离心管和高质量的适配器，防止离心过程中离心管破裂；添加待离心样品后平衡离心管，旋紧管盖，对称摆放离心管，装配固定好离心管后关上离心机盖，设置离心数据，并开始运行程序。

3）离心完成后打开离心机盖，取出离心管（不再使用时需取出离心机的转头）。

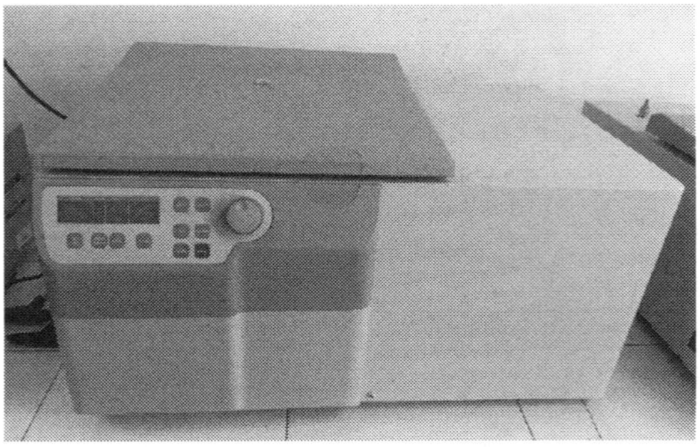

图 1-9 低温高速离心机

4．注意事项

1）离心前负载必须平衡，相对的离心管类型要一致，注意转子上关于最大负载的信息，离心管盖子旋紧，防止离心时液体外溢污损离心机。

2）进行超速离心时，液体一定要加满离心管，旋紧盖子后再抽真空离心，只有加满才能避免离心管变形。

3）使用角度头时别忘盖转子盖，如未盖，离心腔内会产生很大的涡流阻力和摩擦升温，这等于给离心机的电机和制冷机增加了额外的负担，影响离心机的使用寿命。

4）离心机用完后关上电源，清洁离心机的腔壁和转头，擦干腔内的冷凝水，并保持开盖状态。

三、高压灭菌锅

1．工作原理

水的沸点受气压影响，气压越高，沸点越高。高压锅利用这个原理把水相当紧密地封闭起来，进行加热，水受热蒸发产生水蒸气，由于无法扩散只能保留在高压锅内，使高压锅内部的气压高于 1 标准大气压①，这就使水在高于 100℃时才能沸腾，这样高压锅内部就形成高温高压的环境，从而达到灭菌效果。

现如今实验室用高压锅主要为全自动高压灭菌锅，相较传统的高压灭菌锅，灭菌效果更好，操作更简便，安全系数也更高。

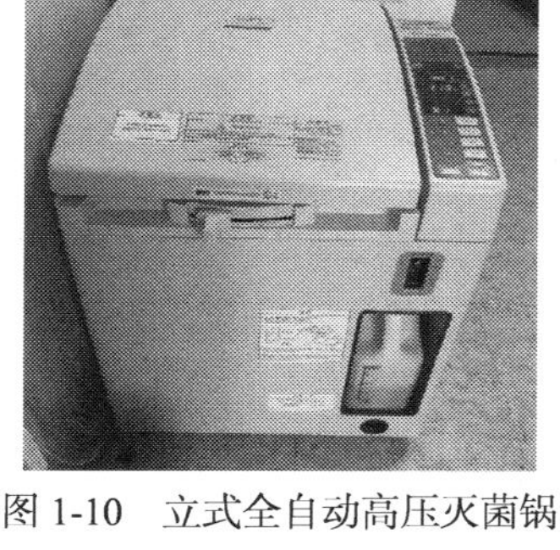

图 1-10 立式全自动高压灭菌锅

2．基本操作

以立式全自动高压灭菌锅（图 1-10）为例介绍如下。

1）首先将内层灭菌桶取出，向锅内加入适量的水至其刻度线处。

2）将灭菌桶放回锅内，并装入待灭菌物品，关闭并拧紧锅门，确认完全密封。

3）检查排气阀、安全阀状态，设置灭菌的温度、时间和程序。除特殊实验要求外，一般灭菌物品都为 121℃（0.15MPa），20～30min。按下开始键，开始启动

① 1 标准大气压＝1.013 25×10^5Pa

灭菌程序。

4）灭菌结束后，应当等锅内的压力降至与大气压相同（0MPa）和温度降到 50℃以下时方可开盖，并关闭电源。

5）当需要在一定高温下打开盖子取出灭菌物品时，面部应远离高压灭菌锅盖口，以免被高温蒸汽烫伤。

3．注意事项

1）灭菌前加水不能太少，应在水位线刻度处，以免引起高压灭菌锅烧干或者爆裂。

2）注意待灭菌物品不要装得太挤，以免妨碍蒸汽流通而影响灭菌效果。

3）液体灭菌时，应将液体灌装在耐热玻璃瓶中，以不超过 3/4 体积为好，瓶口旋盖呈旋松状或选用棉纱塞包纸进行封闭。

4）灭菌后的物品应及时取出放入烘干箱中，烘干后的无菌物品也应及时放入无菌柜内存放。

四、通风橱

通风橱，又称烟橱或通风柜，是实验室，特别是化学实验室的一种大型设备，可有效减少实验过程中实验人员和有害气体的接触，从而保护实验人员的身体和实验室的环境。

1．工作原理

（1）无管通风橱

无管通风橱不需要外连管道，柜内前上方的排风扇会将空气抽走，先经过泡沫塑料过滤除尘，再经过活性炭吸附掉一些化学物质后，重新循环使用。无管通风橱不与外界连通，不会对外部环境造成污染，且对实验室的温度影响较小。其缺点是必须定期进行过滤材料的更换，其中泡沫塑料的使用寿命是 6 个月，活性炭约 2 年。此外，与全通风通风橱相比，使用无管通风橱的实验人员接触到有害气体的概率要大，并且易形成噪声。

（2）全通风通风橱

全通风通风橱安装有专用的排风管道，柜内前上方的排风扇将空气抽走后，经管道引到别处。全通风通风橱可以有效地去除实验室内的有害气体，且产生的噪声小，维护相对简单，不需要更换过滤材料；但其对外界环境易造成污染，当室内外温度差异较大时影响室内恒温的维持。

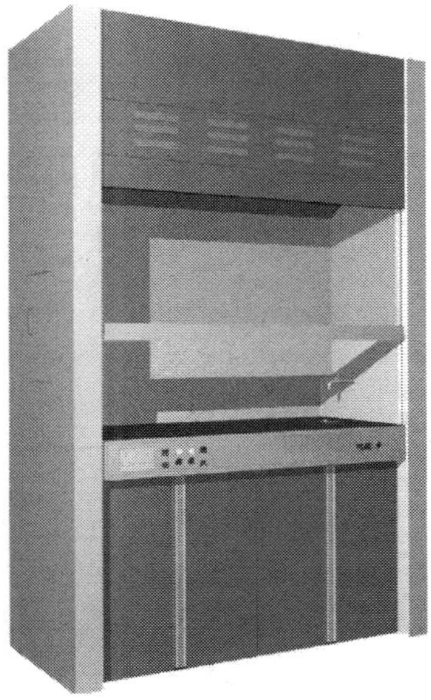

图 1-11 通风橱

2．基本操作

1）按下通风橱控制面板的电源开关按钮，打开照明和风机开关（图 1-11）后可进行有害气体和液体的操作。

2）进行强酸、强碱及挥发有害性气体试剂的操作时，必须拉下通风橱视窗挡板，以免气体从窗口挥发对实验人员造成伤害，视窗挡板距离台面以 10～15cm 为最佳。

3）操作结束后，关闭照明、风机开关，关闭电源，并及时将通风橱内清理干净。

3．注意事项

1）使用前应检查电源，给排水、气体等各种开关及管路是否正常。

2）打开照明开关，检查光源及橱体内部是否正常。

3）打开抽风开关，约3min，静听抽风机运转是否正常。

4）使用过程中，注意勿将杂物倒入通风橱的水槽，以免造成管道堵塞。

5）实验工作结束后，将抽风机继续运转2～3min再关闭，以保证通风橱内废气完全被排除。

6）使用完毕后，关闭所有电源，再对通风橱内的杂物和残留的溶液进行清洁。

7）超长时间使用通风橱时，应每隔2h打开视窗进行10min的补风，当使用时间超过5h时，要敞开窗户，避免室内出现负压。

五、显微镜

1. 工作原理

根据光源的不同，可以将显微镜分为光学显微镜和电子显微镜两大类。光学显微镜以可见光或紫外线作为光源，电子显微镜则以电子束作为光源。目前，各种显微镜基本上都是由物镜和目镜组成的，物镜的焦距很短，其作用是获得物体放大的实像；目镜的焦距很长，其作用是将物镜放大的实像作为物体，进一步放大成虚像。这样，显微镜放大物体的总倍数就是物镜放大倍数和目镜放大倍数的乘积。显微镜物像是否清楚不仅取决于其放大的倍数，还与显微镜的分辨力有关，即显微镜能分辨物体最小间隔的能力，分辨力的大小取决于光源的波长、镜口率和介质的折射率。

光学显微镜最为常用，其主要由机械部分、光学系统和照明系统3部分组成（图1-12）。

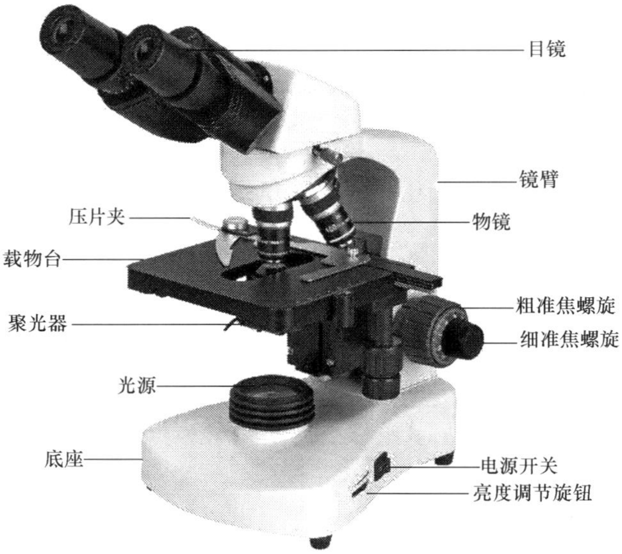

图1-12 光学显微镜的构造

（1）机械部分

机械部分主要包括镜座、镜臂、镜筒、转换器、载物台、调节器等，用于固定和方便观察。

1）镜座。镜座位于显微镜底部，常呈马蹄形，它支持全镜以保持显微镜的稳定。

2）镜臂。镜臂一端连接镜座，另一端连接镜筒，是支持镜筒的部位。镜臂上端连接目镜，下端连接物镜，中部为手握部分。镜臂有固定式和活动式两种类型，其中活动式的镜臂可改变角度。

3）镜筒。镜筒为金属制圆筒，上端连接目镜，下端连接转换器。镜筒分为单筒式和双筒式两种。单筒镜筒又可分为直立式和后倾式两种。双筒镜筒则均为倾斜式，其倾斜角度为45°。双筒镜筒的其中一个目镜具有屈光度调节装置，能够在两眼视力不同的情况下进行调节。

4）转换器。转换器为两个金属碟组成的一个旋转圆盘，其上装有 3～4 个低倍或高倍的物镜镜头。转动转换器，可使每个物镜通过镜筒与目镜构成一个放大系统。

5）载物台。载物台也称为镜台，是方形或圆形的盘，用以载放所观察的物体，中心有一个通光孔。在载物台上有固定标本的金属压片夹，有的装有标本移动器，标本固定好后能够前后左右推动调节标本的观测位置。有的移动器上有刻度以便于确定标本的位置。

6）调节器。调节器即调焦装置，即装在镜柱上的螺旋装置。转动螺旋装置能够使镜台上下移动，调节物镜和标本间的距离，当物体在物镜和目镜的焦点上时，就可以观察到清晰的图像。调节器有大小两种螺旋装置，称为粗准焦螺旋和细准焦螺旋。粗准焦螺旋转动时可使镜台快速和较大幅度地升降，迅速调节物镜和标本之间的距离使物像呈现于视野中，通常在低倍镜观察时，先用粗准焦螺旋迅速找到物像。转动细准焦螺旋时可使镜台缓慢地升降，进行微调，一般在高倍镜观察时使用。

（2）光学系统

光学系统主要由物镜和目镜组成，是显微镜的主体，为了消除球差和色差，物镜和目镜都是由复杂的透镜构成的。

1）物镜。物镜一般位于显微镜镜筒下方的转换器上。因直接与所观察的物体相邻，因此称为物镜。物镜是显微镜中最主要的组成部分，显微镜的放大成像质量及分辨能力主要由它来决定，其优劣直接决定了显微镜的主要光学性能，显微镜其他部件的功能就是使物镜能够充分发挥其性能，得到清晰的图像。物镜的主要功能是将所观察的样本进行第一次放大。

物镜通常是由一组透镜组成的，物镜上通常标有数值孔径、放大倍数、镜筒长度、焦距等主要参数。例如，NA 0.30，10×，160/0.17，16mm，其中“NA 0.30”表示数值孔径（numerical aperture，NA）为 0.30；“10×”表示放大倍数为 10；“160/0.17”分别表示镜筒长度为 160mm，所需盖玻片厚度为 0.17mm；“16mm”表示焦距为 16mm。光学显微镜的常用物镜可按放大倍数分为低倍物镜（放大 10 倍以下）、中倍物镜（放大 10～25 倍）和高倍物镜（放大 40～80 倍）。高倍物镜中多采用浸液物镜，即油镜。它是指在物镜的下表面和标本片的上表面之间填充折射率约为 1.5 的液体（如香柏油），它能显著提高显微镜的分辨率。

2）目镜。目镜位于镜筒顶部，通常由两块透镜组成。目镜的作用是将物镜形成的像再次放大，但并不能提高分辨率。在目镜上可以安装测微尺。目镜的放大倍数有 10×、12.5×、15×和 20×，可根据需要选用，一般可按照与物镜放大倍数的乘积是物镜数值孔径的 500～700 倍来进行选择，最大不能超过物镜数值孔径的 1000 倍。目镜的放大倍数过大，反而会影响观察的效果。一般显微镜的标准目镜的放大倍数是 10。

（3）照明系统

照明系统主要由聚光器和光源组成。

聚光器位于镜台下方的聚光器架上，可以上下移动以调节光线的强弱。光源折射出的光线通过聚光器汇集成光锥照射标本，增强照明度和造成适宜的光锥角度，提高物镜的分辨力。聚光器由聚光镜和虹彩光圈组成。聚光镜由透镜组成。虹彩光圈由薄金属片组成，中心形成圆孔，推动它可以调节其开孔的大小，以调节透进光的强弱。调节聚光镜的高度和虹彩光圈的大小，可得到适当的光照和清晰的图像。

普通光学显微镜的照明光源位于聚光器的下方，为特制的照度均匀的强光灯泡，并且配有可变电阻，可以改变光线的强度。

2．基本操作

以普通光学显微镜为例介绍如下。

1）取下显微镜的防尘罩，接通电源，打开电源开关，根据观察玻片的性质进行内置照明灯光亮度及光圈大小的调整，使视野亮度处于合适范围。

2）将准备好的玻片放到载物台上，用压片夹夹好，转动手轮使观察样品移动，以使其位置大致位于物镜的正下方。

3）调节光照和光轴中心，使亮度调整到合适大小并移到中间。

4）先在低倍物镜（4 倍）下观察样品，通过调节粗准焦螺旋和转动手轮，将样品移至视野中央并调至清晰。

5）再转动转换器，使高倍物镜（10 倍）对准样品，调节细准焦螺旋，使视野清晰。若样品稍偏离视野中央位置，则轻轻调节手轮将样品移动到中央以便更好地进行观察。

6）再次转动转换器，使 40 倍高倍物镜对准样品，方法同 10 倍物镜的操作方法；由于高倍镜下视野亮度可能会变暗，此时应适当调节内置照明灯光亮度及光圈大小，以使视野亮度处于合适范围内。

7）样品观察完毕后，取下载玻片，先将聚光器降下，物镜转成“八”字形后，再转动粗准焦螺旋使镜筒下降，以免物镜与聚光器相碰损坏镜头，最终将镜筒缓缓下降至最低处，关掉电子眼及工作站，切断电源，罩上防尘罩，将显微镜放回原处。

3．注意事项

1）显微镜要放置在干燥的地方，勿在阳光下使用和暴晒。

2）长时间不使用显微镜时应将其关闭；使用时间较长时，中途应停止片刻，等内置光源冷却后再继续使用，以免烧坏显微镜。

3）取放载玻片时，应保证载物台处在最低位置，以免玻片划伤物镜。

4）操作时，遵循先低倍镜后高倍镜的原则，即先在低倍镜下寻找观察视野，再用高倍镜进行样品的详细观察。

5）在观察玻片前要先确保盖玻片已擦拭干净，否则容易造成高倍物镜镜头的污染；若镜头有污染，则必须用专用擦镜纸擦拭，并且在擦拭镜头时不宜使用高浓度的乙醇进行去污，否则容易使镜头上的增透涂层遭到破坏。

6）注意适时调节光线强弱以适应观察需要，一般来说，观察染色标本时光线宜强，观察无色或未染色标本时以弱光线为宜；低倍镜下观察光线宜弱，高倍镜下观察光线宜强。

第四节 实验室守则

一、安全守则

第一条 实验前对实验内容进行充分预习，以了解实验目的、实验原理、实验方法和预期的实验结果。

第二条 在实验过程中，必须穿白大褂，实验台上除实验记录本和笔外，不得放置任何个人物品。

第三条 严格遵守实验室的各项规章制度，保持室内安静和卫生，禁止高声谈话和随意走动。

第四条 认真及时做好实验记录，对于无法立即得到结果而需要连续观察的实验，需记下每次的现象和结果，以便分析，培养严谨的科学态度。

第五条 做实验时小心仔细，全部操作应严格按照规程进行，禁止用嘴吸取菌液或试剂，一旦试管或试剂瓶打破，皮肤意外擦伤，应立即报告指导老师，及时处理。

第六条 在实验过程中，切勿使乙醇、乙醚、丙酮等易燃药品接近火焰。如遇火险，应先关掉电源，用湿布或沙土掩盖灭火，必要时使用灭火器。

第七条 使用显微镜或其他贵重仪器时，要求细心、小心，应特别爱护。对实验材料和药品的使用力求节约，使用后将剩余的实验材料和药品放回原处。

第八条 实验结束后，仪器设备、实验器具擦拭干净后归还原位，并将实验台面擦拭干净，离开实验室前将手洗净，注意关灯、窗、火、煤气等。

二、动物保护守则

国务院于 1988 年批准由国家科学技术委员会颁发《实验动物管理条例》，2017 年 3 月 1 日，《国务院关于修改和废止部分行政法规的决定》中对《实验动物管理条例》进行了第三次修订，其中第六章第二十七条明确规定：“对实验动物必须爱护，不得戏弄或虐待。”1998 年由卫生部颁发的《医学实验动物管理实施细则》第三章第十六条规定：“进行各种动物实验时，应当按动物实验技术要求进行。要善待动物，手术时进行必要的无痛麻醉。”根据上述国家法规的基本精神，制定如下动物保护守则。

1）实验前不得以恶作剧的形式戏弄或虐待动物，如拔除须毛、提拉耳朵、倒提尾巴或后肢、以锐器伤害动物身体和皮毛等行为。

2）严格按要求对动物进行无痛麻醉，在没有达到麻醉效果前，不能进行实验。

3）长时间进行实验时，如遇麻醉失效，应及时补充麻醉剂。

4）实验手术操作要柔和、准确，避免粗鲁的动作或随意翻弄、牵扯动物内脏器官。

5）实验结束后，对能够存活的动物要给予及时治疗和照顾，使之迅速恢复健康。

6）对于难以存活而必须处死的动物，应以过量麻醉施行安乐死术，不可弃之不管，任其痛苦死亡或以粗鲁的手段宰杀。

（毛俊霞 车 鉴）

第二章 水产药理学实验基本知识

第一节 实验动物选用的基本原则

21 世纪，人类步入了生命科学的时代，实验动物是生命科学研究的基础和重要条件之一。实验动物是指经过人工培育出来的，种源、遗传基因、饲养管理、繁殖生产、营养饲料和生活环境都有系统严格的科学要求，对其携带的微生物实行控制，遗传背景明确或者来源清楚，用于科学研究、教学、生产、检定及其他科学实验的动物。实验动物的选择是实验过程中首先要考虑的问题，实验材料的选择是否恰当将关系到实验质量的高低、实验方法简单烦琐及实验经费开支多少，甚至会影响结果的准确性及实验的成败。在药理学实验中，常选用一些较为高等的动物进行实验，如小鼠、大鼠、兔、狗、猫、猪、猴等，这些实验材料的研究背景较为清楚，具有多种稳定的品种和品系，为药理学实验奠定了良好的基础。

在水产动物中，除鱼类外，大多都是无脊椎动物，研究相对薄弱，加上其自身及生存环境的特殊性，为水产药理学实验的开展带来了一定的难度。但随着水产养殖业的快速发展，病害频繁，水产药理学研究迫在眉睫。水产药理学实验课实验材料的选择应综合考虑水产动物的基本生物学特征、研究背景和实际生产需要。药理学实验中一些材料选择的原则对于水产动物同样适用，介绍如下。

1）特殊性原则：是指利用不同品系间实验动物自身存在的特殊性选择符合实验目的和要求的动物。不同药物或化合物在不同品种或品系上引起的反应存在较大差异，同一药物对不同品系的动物也有可能存在较大差异，因此，实验时应对实验动物的特性进行充分了解，在选择时应加以注意。

2）标准化原则：是指实验中选择与研究内容相匹配的相对标准化的实验动物。近交系动物的遗传纯度较高，特征稳定，个体差异小，因此对药物处理的反应一致性较好，使得结果更为可靠而越来越多地被应用。水产动物想要获得高纯度的近交系比较困难，一是其本身的杂合度就很高，二是容易出现近交衰退。以群体材料为研究对象，也应选择个体差异较小的群体更为合适，如封闭群体。由于水产动物开放的生存环境，无法严格控制无菌，但在实验过程中应竭力控制微生物污染源，减少其对实验的影响。

3）规格化原则：是指选择与实验要求一致的动物规格。不同年龄、体重、性别、生理期的动物对药物处理的反应可能会存在较大的差异，因此尽量选择各方面相近的动物，无特殊性别要求的，可雌雄各半。另外，应尽量选择健康成年的动物。

4）经济性原则：是指应尽量选择容易获得、价格便宜和培养经济的动物，以节省时间、降低成本。

由此可见，水产实验动物的选择必须要充分了解水产动物的生物学特征和各方面的基本知识，并大量查阅相关文献，加强与相关领域科研工作者的交流，掌握最新科研成果，并借助前人的实践经验，从而做出正确的选择。

第二节　常用水产实验动物的种类及生物学特征

水产动物的种类比较丰富，具有较高的经济价值，下面介绍一些具有代表性的物种。

一、鱼类

鱼类是水产动物中在进化地位上最为高等的，也是研究最为深入的种类之一。鱼类具有种类繁多、繁殖能力强、遗传容易控制、饲育设施要求简单等诸多优点，近年来在遗传学、内分泌学、毒理学、药理学、行为科学、比较病理学、环境科学等研究领域得到广泛应用。例如，鱼类对氧乐果、甲胺磷等剧毒高残留农药或重金属十分敏感，因此非常适合用于检测环境中重金属和农药污染。其中的黑头软口鲦、斑马鱼、蓝鳃鱼、青鳉、红鳉是国际标准化组织（ISO）20 世纪 80 年代推荐的毒性实验材料鱼。鱼类大多体外受精，适合做发育基因调控与功能分子机理的探索。例如，新月鱼与剑尾鱼的杂交一代自发产生黑色素瘤，是探讨肿瘤形成分子机制的经典模型。鱼类免疫系统比较原始，从而成为研究脊椎动物免疫系统的重要工具。鱼类在生理学和内分泌学方面也有非常特殊的用途，金鱼眼被用来研究视觉器官的结构与功能，鲫鱼的 M 细胞作为优秀模型被用来研究神经元突触生理等。鱼类的胚胎透明、发育速度快，可用于鉴定和分析控制胚胎发育和器官发生的未知基因，揭示动物发育的奥妙和进行基因组功能分析等研究。随着生命科学的发展，鱼类作为实验材料发挥着越来越重要的作用。

1. 斑马鱼

斑马鱼（*Danio rerio*）属于硬骨鱼纲（Osteichthyes）鲤形目（Cypriniformes）鲤科（Cyprinidae）丹尼鱼属（*Danio*），原产于南亚，是一种典型的亚热带观赏鱼类。斑马鱼体形纤细，成体长 4～5cm，对水质要求不高。斑马鱼容易在实验室饲养，繁殖周期短，一般 3 个月可达到性成熟，产卵量大，雌鱼每次可产 200 枚左右，一生可产数千枚卵。斑马鱼体外受精，体外发育，胚胎发育同步且速度快，受精卵 24h 即可胚胎发育成熟，仔鱼期只有 1 个月，胚胎透明，可以在显微镜下直接观察斑马鱼胚胎发育的过程。目前，对于斑马鱼的科学研究已非常深入，相关技术也非常成熟，为后续研究的开展提供了丰富的资源。由于以上优点，斑马鱼已成为非常重要的模式动物之一，可以研究生命科学的基础问题，揭示胚胎和组织器官发育的分子机理；可以构建人类的各种疾病和肿瘤模型，建立药物筛选和治疗的研究平台；可以建立毒理学和水产育种学模型，研究和解决环境科学和农业科学的重大问题。

2. 剑尾鱼

剑尾鱼（*Xiphophorus hellerii*）原产于墨西哥、危地马拉等地的江河流域，属热带鱼。剑尾鱼身体似纺锤形。体强壮，易饲养；适应能力很强，在水温为 20～25℃，弱酸性、中性或微碱性水中都能生长和繁殖，最适生长水温为 24℃，也能耐 16～18℃的低温；杂食性，各种饵料都摄食；6～8 月龄性成熟，雌雄鱼很容易识别，成熟亲鱼在适温时期，每隔 4～5 周繁殖一次，每次产仔鱼 20～30 尾，多的近百尾。剑尾鱼对多种重金属和农药都比较敏感。此外，研究发现其对某些鱼类病原体的敏感性也很强，适合作为动物模型。1987 年，中国水产科学研究院珠江水产研究所开始对剑尾鱼进行纯系培育，从生活习性、饲养方法、繁殖技术、胚胎发育、核型与同工酶、近交系培育等方面进行了系统的研究，并对其饲养管理进行了规范化。主要培育了 RR-B、RW-H、BY-F 3 个剑尾鱼品系，其中代表品系 RR-B 近交已到达 24 代，培育设施和饲养管理基本做到了标准化、规范化，保证了其作为动物实验材料反应的一致性和可重复性，成为国内首个通过全国水产原种和良种审定委员会审定的水生实验动物品系，并明确了剑尾鱼 RR-B 品系是适用于水环境监测、水产药物安全性评价、化学品毒性检测、动物疾病检验模型及遗传生物学研究等领域的水生实验动物。

3．稀有鮈鲫

稀有鮈鲫（*Gobiocypris rarus*）属于鲤科鮈鲫属，本属仅稀有鮈鲫 1 种，且是我国特有种，分布于我国长江上游的大渡河支流和四川成都附近的小河流中，多栖息于稻田、沟渠、水洼等小型水体中。稀有鮈鲫是我国自行开发的鱼类实验动物，具有繁殖力强，性成熟快，产卵频次高，一年四季都可繁殖、不受季节限制，温度适应范围广，个体比斑马鱼稍大，胚胎透明，容易操作，饲养管理方便，对化学品敏感且实验重复性好等优点，因此在化学品测试、毒理学、遗传学、疾病机理与药物筛选等领域中得到了广泛的应用。

4．红鲫

红鲫（*Carassius auratus*）属于鲤科鲫属，为普通野生鲫鱼的一个变种，主要分布于我国江南一带。红鲫作为实验动物具有许多优点，如个体小，体色红，杂食性，生活力强，繁殖力强，生长速度快，饲养管理简便、成本低廉，对实验处理反应灵敏等，近年来被越来越多的学者作为实验材料，进行遗传育种、受精生物学、肿瘤学、毒理学等科学研究。

5．青鳉

青鳉（*Oryzias latipes*）属于鳉科鳉属，是起源于东亚的一种小型鱼类。青鳉是国际医学用鱼，属于杂食性鱼类，对水质、环境变化特别敏感。青鳉和斑马鱼相比具有相似的优点，通体透明，由环境影响而引发的机体变化可被及时监测，且活动力和繁殖力较强，成为生物学、医学及环境科学的理想实验材料。对青鳉的研究从 20 世纪初就已开始，从生理学、生态学、内分泌学等各方面都展开了大量工作，并对培育、饲养管理、实验操作等进行系统的研究，是鱼类实验动物化较好的例子。此外，青鳉早已启动基因组计划，也有基因数据库供查询和下载，都为后续科学研究奠定了良好的基础。

二、棘皮动物

棘皮动物门（Echinodermata）是一类后口动物（deuterostome），是无脊椎动物中进化地位最高等的类群，因其表皮粗糙，具有许多突出的棘或刺而称为棘皮动物，大多底栖，少数行浮游生活。棘皮动物早在寒武纪就已出现，现存种类 6000 多种，化石种类多达 20 000 多种，海洋中常见的海星、海胆、海参、海蛇尾等都属于棘皮动物。棘皮动物最显著的外部特征是成体呈五辐射对称，通常由管足的排列呈现出来，幼虫两侧对称；体腔发达，具有棘皮动物特有的水管系，也是棘皮动物非常重要的器官；骨骼十分发达；再生能力很强；对水质污染很敏感。棘皮动物中的少数种类具有非常高的经济价值，如海参、海胆，是水产养殖业重要的养殖品种，并被进行了广泛的科学研究。

1. 海参

海参（*Holothuria pardalis*）在分类上隶属于棘皮动物门（Echinodermata）海参纲（Holothuroidea），全世界海参约有1200种，均属海洋种类，分布于世界各大洋的潮间带至万米水深的海域，在我国海域分布有140多种。海参在地球上繁衍比原始鱼类更早，大概在6亿多年前的前寒武纪就开始存在，有“海洋活化石”之称。海参（图2-1）体呈圆筒状，长10～20cm，特大的可达30cm，色暗，多肉刺；口位于前端，多偏于腹面，肛门在后端，多偏于背面。背面一般有疣足，腹面有管足，内骨骼退化为微小骨片；海参繁殖能力强，一只4年以上的成年海参，在春季繁殖期，一次可排卵约500万枚；具有超强的再生能力，当海参遇到攻击或环境不好时，可将内部器官排出，并在数周内长出新内脏。海参含有丰富的胶原成分和蛋白聚糖，并含有钙、镁盐及铁、锰等多种微量元素，具有较高的营养价值，因而长期以来受到人们的青睐，市场需求量不断增加，这也使海参的养殖面积和养殖区域不断扩大，并带动了生产、科研、加工、销售整个产业链的发展，促进地方产业经济快速发展。在我国，海参产业已成为一个非常重要的渔业产业。以海参为实验材料的各方面研究也已广泛开展。

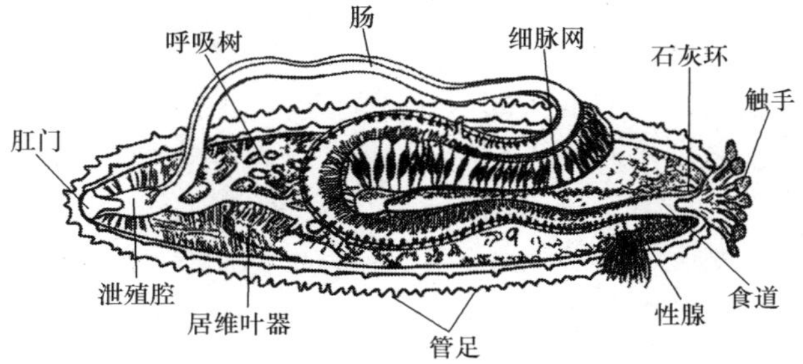

图2-1 海参内部构造图

2. 海胆

海胆属棘皮动物门（Echinodermata）海胆纲（Echinoidea），全世界发现的海胆约有850种，但其中经济种类不超过30种，主要产地有中国、日本、美国、加拿大、智利等。我国已发现的海胆目前有100余种，经济种类不到10种，主要有虾夷马粪海胆、光棘球海胆、马粪海胆、紫海胆、白棘三列海胆、海刺猬等，其中虾夷马粪海胆和光棘球海胆是我国北方主要的养殖种类，而南方海胆养殖中则以紫海胆为最重要的经济种类。海胆（图2-2）的主要特征有：身体呈球形、心形或盘形，五腕；内骨骼互相愈合，形成一个坚固的壳；多数种类口内具复杂的咀嚼器，称亚里士多德提灯（Aristotle's lantern），消化管长管状，盘曲于体内；食性广泛，多以藻类、水螅、蠕虫为食；多雌雄异体，生殖腺位于胆壳内间步带区，成熟时很长，悬垂在体腔内，个体发育中经海胆幼虫（长腕）后变态成幼海胆，经1～2年才达性成熟。海胆是一种食用价值、药用价值、科研与教学价值都较高的经济海洋生物。随着我国人民生活水平的不断提高及国际市场的需求上升，近年来海胆养殖逐步引起了人们的重视，现已成为我国沿海水产增养殖业的一个新兴产业，养殖产量逐年上升。海胆是生物科学史上最早被使用的模式生物之一，在生物科学的发展过程中起到了重要的作用。

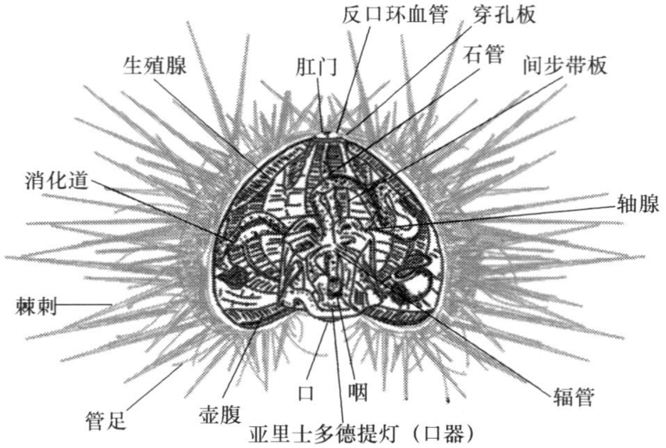

图 2-2　海胆内部构造图

三、软体动物

软体动物（Mollusca）是动物界中除节肢动物外种类最多的类群，至今记载有 13 万种之多。从外表上看，软体动物形态差异较大，但基本结构相同，具有共同的特征：身体柔软不分节，通常由头部（有的头部退化或消失）、足部、躯干部（内脏团）、外套膜和贝壳（有的无贝壳或具有内壳）5 部分构成。软体动物共分为 7 个纲：无板纲（Monoplacophora）、多板纲（Polyplacophora）、单板纲（Aplacophora）、双壳纲（Bivalvia）、掘足纲（Scaphopoda）、腹足纲（Gastropoda）和头足纲（Cephalopoda）。除双壳纲外，口腔内均有颚片和齿舌；神经系统包括神经节、神经索和一个围绕食道的神经环；体腔退缩为围心腔；间接发育的种类具有担轮幼虫期和面盘幼虫期。软体动物分布于各种生境中，如海水、淡水、陆地（尤其是林地，甚至干燥地区），许多种类具有重要的经济价值，如扇贝、牡蛎、蛤、贻贝、鲍等，并已成为我国重要的水产养殖对象。随着科技的发展，对软体动物的科学研究也越来越广泛，尤其是对一些重要经济物种的研究也越来越深入。

1. 扇贝

扇贝属于软体动物门（Mollusca）双壳纲（Lamellibranchia）翼形亚纲（Pteriomorphia）珍珠贝目（Pterioida）扇贝科（Pectinidae），广泛分布于世界各海域，有 400 余种。双壳纲头部退化，足部发达呈斧状，神经系统简单，已有明显的神经节分化，由脑侧、脏、足 3 对神经节及其相连的神经索组成。扇贝用足丝附着在浅海岩石或沙质海底生活；属于滤食性动物，通过鳃的功能对食物进行选择，其对食物的大小有选择能力，但对种类无选择能力；扇贝具有一个肥大的闭壳肌，肉质鲜美，营养丰富，其闭壳肌干制后的“干贝柱”，被列为八珍之一；扇贝（图 2-3）可通过闭壳肌的伸缩来控制贝壳的张合，从而控制水流的吸入、排出而实现游泳；扇贝具有两个对称的贝壳，大小几乎相等，呈扇形，对软体部位进行保护；扇贝的贝壳色彩多样，肋纹整齐美观，而被用作装饰品；雌雄同体或异体。

扇贝是中国重要的优势高值养殖贝类之一，养殖产量占世界扇贝类养殖产量的 80% 以上，占有重要的经济地位。我国扇贝养殖品种主要包括本土优势种栉孔扇贝和华贵栉孔扇贝及引进种海湾扇贝和虾夷扇贝。其中栉孔扇贝主要分布在东海及辽宁沿海；华贵

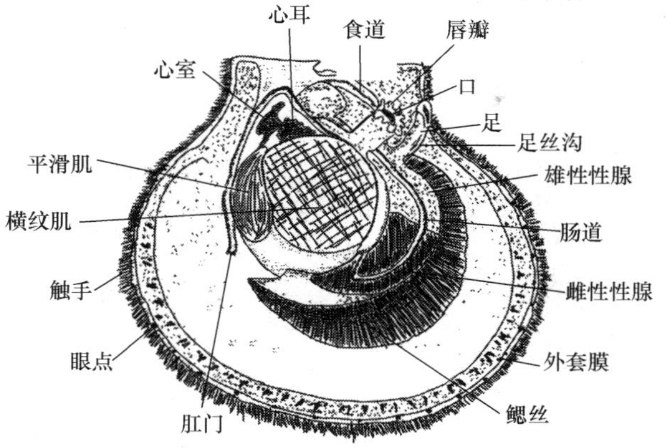

图 2-3　扇贝内部构造图

栉孔扇贝主要分布在福建沿海；海湾扇贝主要分布在山东沿海，其次为河北和辽宁部分沿海；虾夷扇贝主要分布在辽宁沿海，其次为山东的长岛、荣成沿海。除具有重要的经济价值外，扇贝还具有很多重要的生物学特性、具有很大的药用价值，贝壳还是很好的仿生材料，具有很大的发展潜力。此外，扇贝非常古老，也是研究生物进化很好的实验材料。正因为如此，很多研究者将扇贝作为研究材料逐渐展开了广泛的研究。

2．牡蛎

牡蛎隶属于软体动物门（Mollusca）双壳纲（Lamellibranchia）翼形亚纲（Pteriomorphia）珍珠贝目（Pterioida）牡蛎科（Ostreidae）。牡蛎为世界性分布种类，目前已发现有 100 多种，我国约有 20 种。牡蛎（图 2-4）贝壳发达，具有左右两个壳，以韧带和闭壳肌相连，壳形极不规则、表面粗糙、具有鳞片和棘，左壳固着在礁、竹、木、瓦片等固形物上，一经固定便不能从固着物上自行移动，通过贝壳的开闭进行摄食、呼吸、繁殖和渡过不良环境；牡蛎为滤食性生物，以细小的浮游动物、硅藻和有机碎屑等为主要食料；牡蛎对温度的适应范围很广，如近江牡蛎、褶牡蛎和太平洋牡蛎在−3～32℃均能存活；牡蛎对干旱的适应能力强，牡蛎离水后，两壳紧紧闭合，体内水分蒸发较少，因此牡蛎在潮间带潮水退后干露的滩涂上依然可以照常生活；牡蛎一般为雌雄异体，也有雌雄同体现象，牡蛎性别不很稳定，在一定条件下会发生雌雄互相转变及雌雄同体与雌雄异体间的相互转化；牡蛎营养丰富，富含大量蛋白质和人体所缺的锌，有“海中牛奶”的美称。牡蛎是重要的养殖贝类之一，世界各邻海国家几乎都有生产，其产量在贝类养殖中居第一位。牡蛎养殖在我国贝类养殖业中占有重要地位，是中国传统四大养殖贝类之一。目前，很多实验室以牡蛎为研究对象进行科学研究，使得牡蛎的研究进展在贝类中处于领先水平，2012 年中国科学院海洋研究所张国范课题组完成了对太平洋牡蛎（*Pacific oyster*）的基因组测序，这是第一个测序的软体动物基因组，填补了我们对

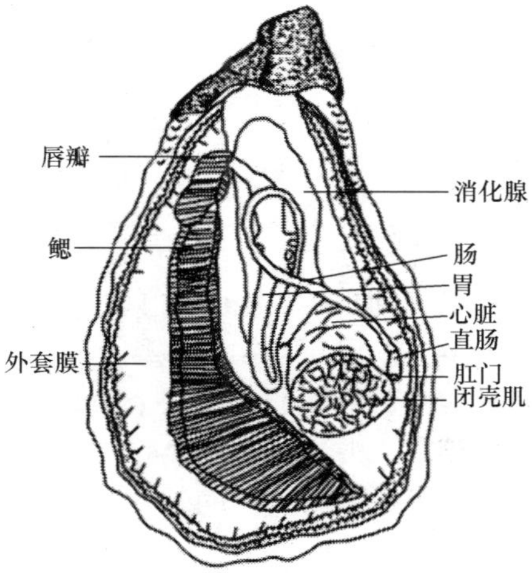

图 2-4　牡蛎内部构造图

于种类丰富而研究较少的软体动物家族的了解空白，也为对牡蛎进行更深入的研究提供了一个很好的平台。

3．蛤仔

蛤仔属于软体动物门（Mollusca）双壳纲（Lamellibranchia）异齿亚目（Heterodonta）帘蛤目（Veneroida）蛤仔属（*Ruditapes*）。蛤仔（图 2-5）贝壳呈三角圆形，坚厚，较宽，壳表有花纹或斑点色彩；蛤仔大多栖息在内湾风浪较小、水流通畅并有适量淡水注入的中低潮区的泥沙滩涂上，以发达的斧足挖掘砂泥营穴居生活；蛤仔对温度的适应能力很强，可以适应的温度为 5～35℃，以 18～30℃为最适宜；蛤仔为滤食性贝类，摄食方法是被动的，对食物一般不具有选择性，只要颗粒大小适宜便可摄食。蛤仔在我国广泛分布于南北沿海，资源蕴藏量大，栖息密度高，由于它生长迅速，移动性差，生产周期短，养殖方法简便，并且有投资少、收益大等优点，是一种很有发展前景的滩涂养殖贝类。

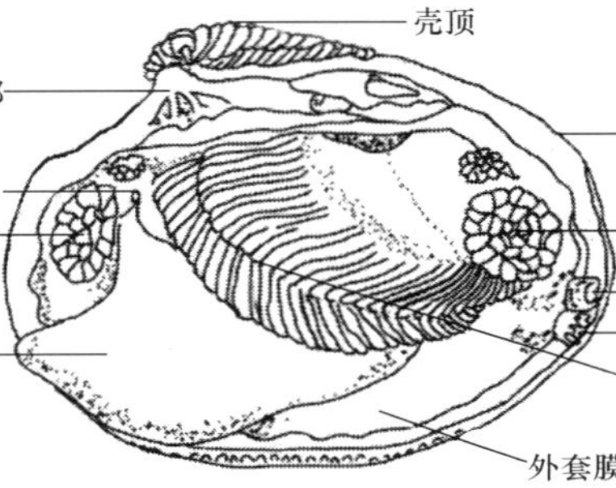

图 2-5　蛤仔内部构造图

四、甲壳动物

甲壳动物（Crustacea）是节肢动物门中的一个亚门，其体表都有一层几丁质外壳，称为甲壳。甲壳动物大多数生活在海洋里，少数栖息在淡水中和陆地上。甲壳动物形态变异很大，身体通常由三个部分组成，即头部、胸部和腹部；体节数和与之相关的附肢数比较多，头节和胸节常有愈合现象，称为头胸部；有一块坚硬的几丁质覆盖在身体上，形成一个像盔甲一样的外骨骼，这种外骨骼不会随着动物身体的生长而生长，它会周期性地脱落，然后再生。甲壳动物种类很多，约有 3 万种，我们熟悉的蟹类、虾类就属于甲壳动物。

1．蟹类

蟹类是甲壳动物亚门（Crustacea）十足目（Decapoda）腹胚亚目（Pleocyemata）短尾下目（Brachyura）物种的统称，全世界蟹类有 4500 余种，中国约有 800 种，蟹类中 90%为海产，其余为淡水产，其中不少种具有重要的经济价值。蟹类（图 2-6）体形宽扁，少数窄长。头胸部包被发达的头胸甲，腹部退化平扁，曲折在头胸甲的腹面，雄性略呈三角形或窄长形，雌性腹部宽大，多呈长圆形或圆形。头胸甲腹面的两侧有 5 对胸足，第 1 对呈钳状，称螯足，第 2 至第 5 对为步足。蟹类的绝大部分种为杂食性，雌雄异体。蟹类肉味鲜美，有丰富的蛋白质、钙、磷、铁和维生素，主要供食用。主要食用蟹类是梭子蟹科中的三疣梭子蟹、远海梭子蟹、青蟹和方蟹科的中华绒螯蟹等。

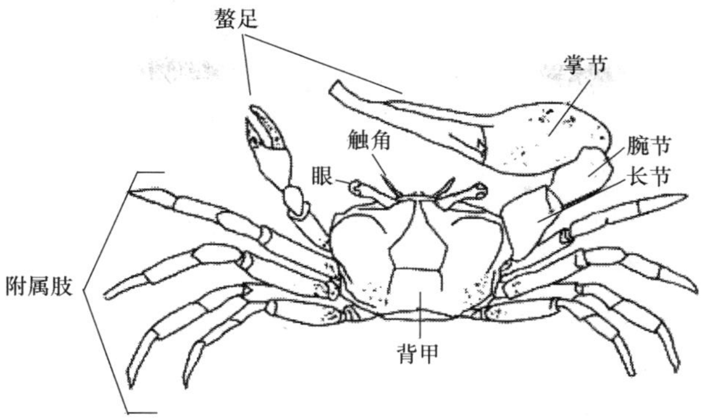

图 2-6　蟹类外部构造图

2．虾类

虾类属于甲壳动物亚门（Crustacea）十足目（Decapoda）。虾类（图 2-7）体形延长，多为侧扁或圆筒状，少数平扁，头胸部包被头胸甲，腹部发达，由 7 节构成，尾节和尾肢共同构成发达的尾扇。一般有发达的游泳器官，有些完全行浮游或游泳生活，如毛虾属（*Acetes*）、樱虾属（*Sergia*）、莹虾属（*Lucifer*）；有些则行底栖生活，如对虾科（Penaeidae）的绝大部分种类和真虾类（Caridea）的绝大多数种类。虾类多为肉食性，也有滤食浮游生物或以有机碎屑为食者。虾类为雌雄异体，但少数种类如长额虾（*Pandalus*）等为雌雄同体。虾类全世界共约 3000 种，主要为海产，淡水中也常见，但种类较少。许多种由于有较高的营养价值且肉味鲜美，在水产生产中占有较重要的地位。

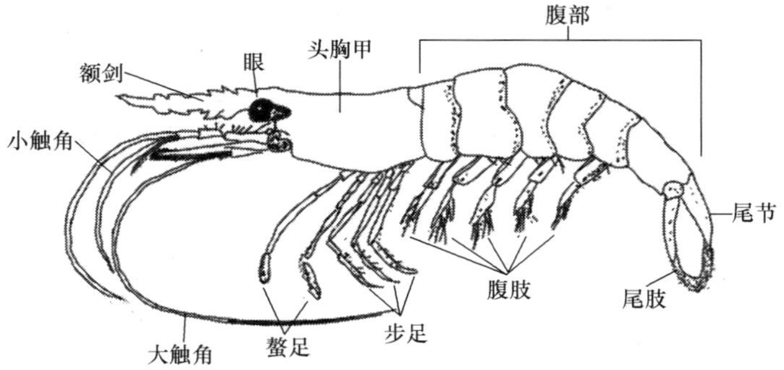

图 2-7　虾类外部构造图

第三节　水产实验动物的给药方式及采样方法

一、常见水产动物实验的给药方式

给药方式（administration route）是影响药物的吸收速度、吸收量及血药浓度的重要因素之一。许多研究证明，不同的给药方式不仅可以影响机体对药物的吸收，也可以影响药物的作用性质，如药效产生速度、药物不良反应的程度，甚至中毒反应。水产药理学常用的给药方式主要有口服、浸浴、注射、涂抹和挂篓（袋）等方法。

1）口服法：是抗菌类药物的常用给药途径，一般是将适量的药物或药物制剂拌在饲料中投喂给实验动物。

2）浸浴法：通常又可分为遍洒法和浸洗法。遍洒法是指直接将药物泼洒入养殖对象生存的水体中，一般用于器具消毒使用；浸洗法则是将水产动物集中在较小的容器或水体中，配制较高浓度的药液，在较短时间内强制给药。

3）注射法：可分为肌内注射法和腹（体）腔注射法。需要注意的是，在采用注射法给药时，不同的水产动物需遵循不同的方法（表 2-1）。

表 2-1　不同水产动物的注射给药方法

种类	肌内注射	腹（体）腔注射
鱼类	背鳍下方肌肉丰满处，用针顺着鳞片 45°角向前刺入肌肉 1～2cm 进行注射（图 2-8）	针头朝向鱼头前方，与鱼体呈 45°～60°夹角沿腹鳍基部插入，刺入针头，注射深度为 0.2～0.5cm，以不伤及内脏为准，然后缓缓推入药液（图 2-9）
蟹类	使用注射器，于蟹的第二步足，靠近身体基部的关节膜处注射药品（图 2-10）	—
海胆类	—	使用注射器于海胆围口膜处注射药品（图 2-11）
海参类	—	使用注射器于海参腹面刺入体腔注射药物（图 2-12）

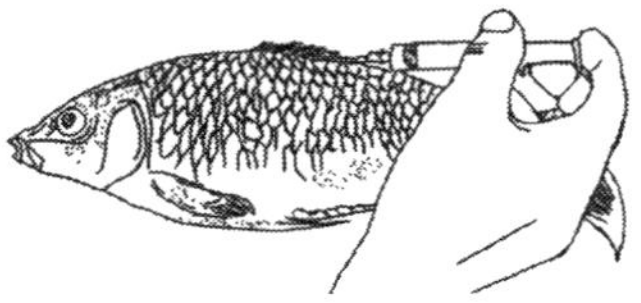
图 2-8　鱼类肌内注射示意图

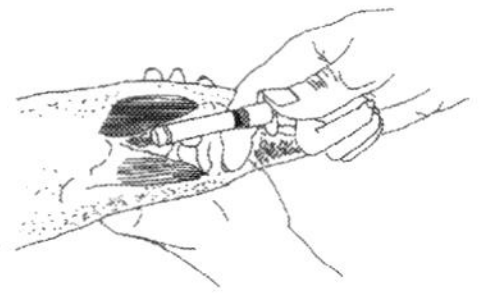
图 2-9　鱼类腹腔注射示意图

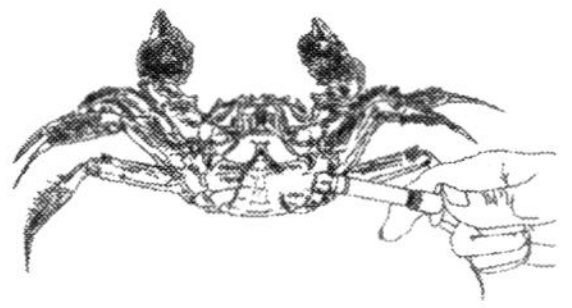
图 2-10　蟹类肌内注射示意图

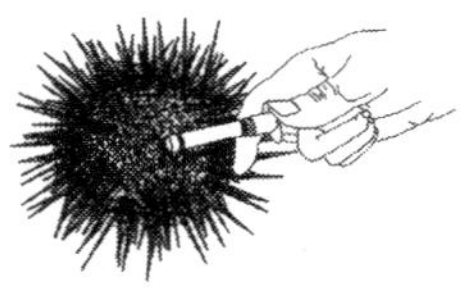
图 2-11　海胆类腹腔注射示意图

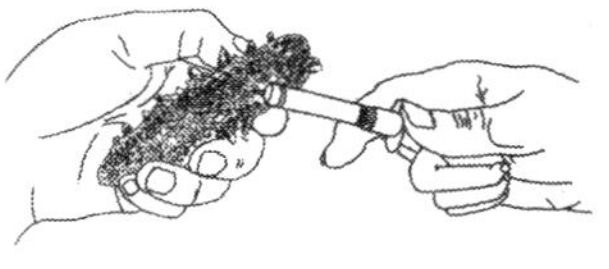
图 2-12　海参类体腔注射示意图

4）涂抹法：是指将药物直接用在水产动物体表，具有用药量少、安全、副作用少等特点。然而，由于水产动物主要生活于水中，因此，该方法的适用范围较小。

5）挂篓（袋）法：是指利用微孔容器控制水产药物缓慢扩散，一般用于流行性疾病的预防和治疗。具有用药量少、成本低、操作简单、副作用少等特点。值得注意的是，只有当实验动物聚集在挂篓（袋）形成的药物区域才能发挥药效，因此一般仅在野外实验中采用，而实验室条件下则很少采用。

二、常见水产动物实验样品的采集方法

样品的采集是药理学实验的重要环节，如鱼类采血，贝类血淋巴取样，虾蟹取样，海胆、海参体腔液取样等。

1．鱼类采血

材料：泥鳅、鲫鱼。

药品：麻醉剂（苯甲醇）、抗凝剂（柠檬酸钠或肝素）。

器具：1ml 针管等。

操作步骤：

1）取抽血用的针管，用针管抽取少量柠檬酸钠抗凝剂（肝素作为抗凝剂时使用肝素润洗针管即可）。

2）实验用鱼用麻醉剂进行麻醉。

3）采血。

A．泥鳅采血：泥鳅体形较小，细长呈棒状，体表无大而坚硬的鳞片。麻醉完毕的泥鳅腹部朝上置于打湿的纱布上。将针垂直扎入臀鳍基部后 5mm 左右的位置，直至针尖碰触到鱼的脊椎，其正下方便是血管，将针尖前后左右小幅摆动，挑破血管（尾动脉或尾静脉）壁（针尖碰到血管后会有刺破感），然后抽血，见注射器针头前段出现红色（动脉血）或暗红色（静脉血）液体即可。将抽出的血液打入事先装有抗凝剂的离心管中，混匀。

B．鲫鱼采血：鲫鱼的体形较大，扁平，体表具有鳞片。麻醉完毕的鲫鱼侧部朝上置于打湿的纱布上。将针呈 50°～70°的角度扎入臀鳍基部后 5mm 上方侧线处的鳞片基部，直至针尖碰触到鱼的脊骨。针尖碰触到脊椎，其正下方便是血管，将针尖前后左右小幅摆动，挑破血管（尾动脉或尾静脉）壁，有落空感后抽血，见注射器针头前段出现红色（动脉血）或暗红色（静脉血）液体即可（图 2-13）。将抽出的血液打入事先装有抗凝剂的离心管中，混匀。

图 2-13　鲫鱼类静脉采血示意图

4）抽血后的鱼放置在清水中解除麻醉，可在水中添加少量抗生素预防针口感染。

2．贝类血淋巴取样

材料：虾夷扇贝、栉孔扇贝。

器具：1ml 针管、解剖刀。

操作步骤：

1）使扇贝张口，用大拇指将其撑住，用解剖刀在扇贝闭壳肌上轻轻划一道口子，血淋巴会不断流出。

2）将 1ml 针管去除针头，吸取流出的血淋巴液体，并置于 1.5ml 离心管中，800g、4℃离心 10min，去除上清液收集血淋巴细胞。

第四节　实验设计的基本原则

水产药理学实验的目的是阐明某些药物对水产动物的作用或机制，从而为水产动物养殖业的健康发展提供理论及实际指导。实验设计的科学性和合理性将决定实验结果是否可靠。在实验过程中，除严格执行处理因素（药物）外，还应尽力排除各种非处理因素的影响，如动物个体差异、实验条件、仪器设备、实验误差或人为因素产生的误差等。水产动物药理实验设计与其他生物学实验设计一致，都应严格遵守四大基本原则：重复、随机、对照和均衡，以保证实验结果的真实可靠。

一、重复

重复是实验设计的首要原则，是消除非处理因素的一个重要手段。它是指可靠的实验结果应能在相同的实验条件下重复出来。任何实验必须有足够的实验次数，才能避免结果的偶然性，使得出的结论科学准确。重复原则包括两重含义：重复数和重现性。重复数即统计学中的样本数，是指动物或器官的个体数。重现性是指在相同条件、相同材料及相同模型上进行的实验，结果可稳定地重复出来。其中，实验的重复数（样本数）是保证重现性的基本条件。为了达到实验结果的重现性，必须有相应的适当的重复数，样本过少不行，实验结果易出现偶然性；样本过大则会耗时、费工，浪费人力、物力和财力，不符合节约原则。因此，应在保证获得可靠结论的前提下，确定最少的样本数，这也是重复原则的主要任务。

样本数大小与药物的药效强度、生物个体差异、指标的变异系数、实验方法的精确性有关。药效作用强或两组药效差别大，则样本数可小；反之，药效作用弱或两组药效差别小，则需适当增加样本数。生物个体差异或指标变异系数小，即该指标稳定，数据变化是由药物处理造成的，稍有变化即具有显著意义，只需少量样本即可检测出显著性差别；反之，如果生物个体差异或指标变异系数大，则会使指标的变化被自身差异所遮盖，此时就需要大量样本才能将这种差异正确地区分出来。实验质量越高、方法越精确可靠，造成的实验误差就会越小，在一定程度上可减少实验的样本用量。

二、随机

所谓随机，就是每个受试对象都有同等的机会被抽到或分配到任何一个组中，结果不受人为因素的干扰和影响。在实验过程中，不论抽样还是分组，都必须遵守随机化原则。在抽样时，必须使总体中每个个体都有机会被抽到，这样所抽到的样本对总体就会有较好的代表性。同样，在决定实验对象接受何种处理（分组、用药）时，必须使每个实验对象都有相同的机会接受某种分配或处理，以消除实验者本身的主观因素或其他因素对实验结果的影响。

随机化的方法有多种，最简单的如抽签、掷硬币。但在实验设计中广泛应用随机数字表进行分组和抽样。随机数字表内的数字相互独立，全部数字无论从横行、纵行或斜向等各种顺序均呈随机状态。因此，使用时可从任何一个数字开始，按任意一个顺序录用。利用随机数字表抽样可保证每个个体被抽中的概率相等。在此基础上，随机分组的方法包括以下 3 种。

1）完全随机分组：把动物全部编号，从随机数字表中任取一段数字，依次与编号动物匹配，然后按奇偶数（分两组时）或除以组数后的余数（分 3 组或以上时）进行分组。若每组动物数不整齐时，继续随机调整，使每组动物数均等。该方法较为简单，适用于单因素大样本实验，如果实验条件、环境、实验动物差异较大时，不宜采用此法进行分组。

2）配对随机分组：按照性别、体重及其他条件将动物每两只匹配，分成若干对，然后将每对动物随机分配到两组中。这样两组动物数量相等且差异性最小。

3）随机区组：是配对设计的扩大，将动物分成 3 组以上时适用。先将动物按易区分且对实验影响较大的非处理因素（如性别、体重等）分成若干区组后，再给每个区组中的动物编号，把每区组内的动物随机分配至各实验组。该方法可使各组间的非处理因素基本均衡，是药理实验中常用的方法。

三、对照

对照是科研对比的基础，没有对照就没有比较、没有鉴别。科学、合理地设置对照可以使实验方案简洁、明了，且使实验结论更有说服力。实验中的非处理因素很多，必须严格控制，对照实验的设计是消除非处理因素影响的有效方法。由于同一种实验结果可能会是由多种不同的实验因素所引起的，因此如果没有严格的对照实验，即使出现了某种预想的实验结果，也很难保证该实验结果是由处理因素所引起的，这样就使得所设计的实验缺乏应有的说服力。只有设置对照实验，才能有效地排除其他因素干扰结果的可能性，使实验设计更加严谨，所以大多数实验，尤其是生理类实验往往都要有相应的对照实验。

对照实验应符合齐同可比的原则，即指除了要考察的一种实验处理因素（如药物的种类、剂量、给药途径等）外，对照组的其他一切条件（如动物的性别、年龄、体重，实验的时间、环境、仪器、方法、操作人员，对照组的溶剂、容量等）均应与药物处理组完全一致。在实验过程中，处理组与对照组间还应做到四同：同时、同地、同批动物和同条件，这样才具有可比性，才能突出处理因素的效果，排除非处理因素的影响，保证结果的准确性。此外，对照组一方面起到对照作用，另一方面又起到监控实验条件的作用，实验过程中出现问题，可以帮助人们排查原因，使实验结果更加可靠。

对照的形式有多种，可根据研究目的和内容加以选择，常用的有下列几种。

1．阴性对照

1）空白对照：对照组不施加任何处理因素，这种对照只有在处理因素很强、非处理因素很弱的情况下才能使用。

2）假处理对照：对照组不施加处理因素，但施加某种实验因素。例如，需对动物注射某种化学药物时，对照组也进行注射，但只注射不含化学药物的溶剂，且注射量相同。

2．阳性对照

采用疗效或作用明确的药物作为对照，因此对照应产生阳性结果，若未出现，则说明实验设计、方法或操作过程有误，应进行调整，同时，也可为处理组药物的药效评价提供参考标准。

3．其他对照类型

1）自身对照：实验与对照在同一动物个体身上进行，如用药前后作为对比。一般情况下还要求设立平行对照组。

2）组间对照：在实验中设立若干平行组，不同组间进行对照。例如，空白对照组与药物处理组进行比较，受试药物组与阳性药物组进行比较，以及不同剂量组、不同给药途径组间进行比较。该法是药理实验中应用最广的，但实验时应注意互相对照的组别间样本数应相等，并选择恰当的统计学方法。

3）标准对照：不设立专门的对照组，而是用现有标准值或正常值做对照。在临床试验中常以某疗法为标准对照组，这种对照应注意标准组必须是代表当时水平的疗法，切不可用降低标准组的方法使实验效应提高。但实验研究一般不用标准对照，因为实验条件不一致，常常影响对比效果。

4）配对对照：把研究对象条件相同的两个配成一对，分别给予不同的处理因素，对比两者之间的不同效应，但严格地说，很难找到相同或十分相似的对子。

5）历史对照：以本人过去的研究或他人研究结果与本次研究结果做对照，但要特别注意资料的可比性。

四、均衡

所谓均衡，就是要设法使各条件（即实验因素的各水平组合）下的受试对象受到非处理因素的干扰和影响的机会和数量基本相等。这样一来，由各组受试对象反映出来的实验效应才能较为客观地体现出处理因素取不同水平时所产生的效果。对照的一个极其重要的前提是对照必须是均衡的。贯彻均衡的原则就是对照组除了缺少一个处理因素外，其他条件应与实验组均衡一致。均衡性越好，就越能显示出实验组处理因素所产生的效应，从而可以减少非处理因素对实验结果的影响。在实验（或试验）设计中，没有对照就无法比较鉴别，有了对照没有遵循均衡原则也同样得不到正确的结论。

第五节　实验结果的分析与处理

一、实验数据的分类与表示

对实验中得到的一系列数据，应采取适当的方法进行整理和分析才能准确地反映出药物处理对动物产生的作用。实验过程中直接得到的实验数据称为原始资料或原始数据，原始数据根据其性质可以分为计数资料和计量资料。不同类型的统计资料后续分析将采用不同的统计分析方法。计数资料是先将观察单位按某种属性或类别分成若干组，再清点各组观察单位个数所得到的资料，如药物处理后动物的阳性反应或阴性反应数、死亡数或存活数等；计量资料是用仪器、工具或其他定量方法对每个观察单位的某项标志进行测量，并把测量结果用数值大小表示出来的资料，一般带有度量衡或其他单位，如体重、心率、血压、血糖等。在实验中，通常采用列表法或作图法来表示实验结果，以使结果表达得更加清楚明了、重点突出，并减少或弥补某些测定的误差，以便阅读、比较和分析。根据对标准样品的一系列测定，也可以列出表格或绘制标准曲线，对测定数据直接查表或查曲线来得出结果。

1）列表法：将实验所得各数值用适当的表格列出，并表示它们之间的关系。通常数据的名称和单位写在标题栏中，表内只填写数字。数据应当正确反映测定的有效数字，必要时应计算出误差值。

2）作图法：实验所得到的一系列数据之间的关系及其变化情况可以用图线直观地表现出来。绘图时，在纵轴和横轴上画出数值刻度，标明单位。一般纵轴表示反应强度，横轴表示时间或药物剂量，并在图的下方注明实验条件。如果不是连续性变化，可用柱形图表示。

二、实验误差

（一）误差的表示方法

在进行定量分析实验的过程中，很难使测量出来的数值与客观存在的真实值之间完全相同。真实值与测量值之间的差别称为误差。通常用准确度和精密度来评价测量误差的大小。

1．准确度

准确度是指测量值与真实值之间接近的程度，通常用误差的大小来表示。误差越小，准确度越高。误差可分为绝对误差和相对误差。

$$绝对误差=测定值-真实值$$

$$相对误差=\frac{绝对误差}{真实值}\times 100\%$$

在实际数据分析过程中，用相对误差表示更具有意义。但由于真实值并不知道，在实际工作中无法计算出准确度，只能用精密度来评价分析的结果。

2．精密度

精密度是指在相同条件下，进行多次测定后所得实验数据的相近程度，一般用偏差表示。偏差分为绝对偏差和相对偏差。

$$绝对偏差=个别测定值-算术平均值（不计正负号）$$

$$相对偏差=\frac{绝对偏差}{算术平均值}\times 100\%$$

3．其他表示方法

1）平均绝对偏差和平均相对偏差表示法：

$$平均绝对偏差=\frac{\sum b^2}{n}\times 100\%$$

$$平均相对偏差=\frac{平均绝对偏差}{算术平均值}\times 100\%$$

2）标准差法：

$$标准差=\sqrt{\frac{\sum b^2}{n-1}}$$

式中，b 为绝对偏差；n 为测量次数。结果用“平均值±标准差”表示。

应该指出的是，误差和偏差具有不同的含义。误差以真实值为标准，而偏差以平均值为标准，由于真实值一般是无法知道的，因此人们平常所说的真实值，其实只是采用各种方法进行多次平均分析所得的相对正确的平均值。用平均值代替真实值来计算误差，得到的结果仍然只是偏差。

还应指出的是，用精密度来评价分析结果具有一定的局限性。分析结果的精密度很高，并不一定说明实验的准确度也很高。如果分析过程中存在系统误差，可能并不影响每次测得数值之间的重合程度，即不影响精密度，但却影响实验结果的准确度。当然，若精密度不高，则无准确度可言。

（二）产生误差的原因和校正

产生误差的原因很多，根据误差的性质和来源，可将其分为系统误差和偶然误差两类。

1．系统误差

系统误差是由分析过程中某些固定的原因引起的一类误差，它具有重复性、单向性、可测性。即在相同的条件下，重复测定时会重复出现，使测定结果系统偏高或系统偏低，其数值大小也有一定的规律。系统误差的来源主要有以下 4 种。

1）仪器误差：由仪器本身的缺陷或没有按规定条件使用仪器而造成的误差。例如，仪器的零点不准，仪器未调整好，外界环境（光线、温度、湿度、电磁场等）对测量仪器的影响等所产生的误差。

2）方法误差（理论误差）：由方法本身不完善所造成的，或是由测量所依据的理论公式本身的近似性，或实验条件不能达到理论公式所规定的要求所带来的误差。

3）试剂误差：由试剂或蒸馏水的不纯所造成的误差。

4）操作误差：由每个人掌握操作规程与控制条件常有出入而造成的误差。

需要注意的是，系统误差总是使测量结果偏向一边，或者偏大，或者偏小，因此，多次测量求平均值并不能消除系统误差。为了减少系统误差，常采取下列措施。

1）空白试验：为了消除由试剂等因素引起的分析误差，可在测定时不加样品的情况下，按照与样品测定完全相同的操作手续，在完全相同的条件下进行分析，所得的结果为空白值。将样品分析的结果扣除空白值，可以得到比较准确的结果。

2）仪器校正：在测量之前，仔细检查测定仪器，正确调整、安装或校正，以减少误差。

2．偶然误差

偶然误差也称为随机误差或不定误差，是由于在测定过程中一系列有关因素微小的随机波动而形成的具有相互抵偿性的误差。其产生的原因是分析过程中种种不稳定随机因素的影响，如室温、相对湿度和气压等环境条件的不稳定，分析人员操作的微小差异及仪器的不稳定等。随机误差的大小和正负都不固定，但多次测量就会发现，绝对值相同的正负随机误差出现的概率大致相等，因此它们之间常能互相抵消，所以可以通过增加平行测定的次数取平均值的办法减小随机误差。

三、实验数据的处理

对于药理学实验所得的数据，必须进行统计学处理并进行显著性检验，才能得出正确结论。显著性检验用于检验两组样本统计值之间的差别是否由抽样误差所引起，以判断差别在统计学上有无显著意义。显著性检验的基本原理是提出“无效假设”和检验“无效假设”成立的概率（P）水平的选择。所谓“无效假设”，就是当比较实验处理组与对照组的结果时，假设两组结果间差异不显著，即实验处理对结果没有影响或无效。经统计学分析后，如发现两组间差异是由抽样引起的，则“无效假设”成立，可认为这种差异为不显著（即实验处理无效）。若两组间差异不是由抽样引起的，则“无效假设”不成立，可认为这种差异是显著的（即实验处理有效）。P 值越小，表明无效假设成立的可能性越小，两组差别的统计意义越大。

1．计量资料的统计方法

对于计量资料可用 t 检验法，检验两组间均数、自身对比或配对对比的差值均数等数据的显著性。t 检验要求数据总体为正态分布或近似正态分布，所比各组的标准差不能相差太大。根据两组的基本参数可以算出 t 值，t 值越大，统计学意义越大。

$$t=\frac{\bar{X}-\mu}{\frac{\sigma_x}{\sqrt{n-1}}}$$

式中，$\bar{X}$为样本平均数；μ为总体平均数；σ_x为样本标准差；n为样本容量。

t值与P值的关系如下。

$t<t_{0.05}$时，$P>0.05$，差异无显著意义；

$t\geqslant t_{0.05}$时，$P\leqslant 0.05$，差异有显著意义；

$t\geqslant t_{0.01}$时，$P\leqslant 0.01$，差异有非常显著意义。

2．计数资料的统计方法

计数资料通常用百分率来表示，两组以上百分率间的显著性检验，通常以卡方（χ^2）检验进行。

$$\chi^2=\sum\frac{(O-E)^2}{E}$$

式中，O为实测值；E为期望值。

其判断标准为：

$\chi^2<\chi^2_{0.05}$，$P>0.05$，差异无显著意义；

$\chi^2\geqslant\chi^2_{0.05}$，$P\leqslant 0.05$，差异有显著意义；

$\chi^2\geqslant\chi^2_{0.01}$，$P\leqslant 0.01$，差异有非常显著意义。

第六节　实验报告撰写的基本原则

1）撰写实验报告时，使用的实验报告纸应和预习报告使用的是同一份，实验报告是在预习报告的基础上，进行补充添加实验结果、实验分析等内容完成的，因此这就要求在撰写预习报告时，要做到全面规范，避免重复性劳动。

2）按照实验要求进行实验，实验中一边测量，一边进行实验数据记录。为了使实验报告准确、美观，实验中应该把实验测量数据先记录在草稿纸或实验记录本上。最后整理报告时可再抄写到实验报告纸上，以避免错填数据，造成修改，影响实验报告整洁美观。

3）在实验过程中，若发现实际测量数据与事先计算数值不相符的现象，甚至相差过大时，应该及时找出原因所在，不可不了了之，若是原来的计算错误则重新计算，若是实验测量中出现问题，则应重新测量，甚至重新实验。

4）实验报告不是简单的实验数据记录纸，对实验数据和结果的分析推论也是重要的一部分内容，要把实际测量数据与计算预测值进行比较，若误差较小（一般5%以内）基本可以认为是相互吻合的；若误差较大，则应该进行误差分析，找出原因。

5）实验报告应该详细地对每一项实验内容和数据进行实验分析并得出实验结论，不能笼统地给出结论。必要时可绘制图表、曲线辅助分析，但应做到规范美观，并给出相应的说明和分析。

6）最后，完成指导书上要求解答的思考题。

（湛垚垚　毛俊霞）

第三章 水产药理学基础实验

实验一　过氧碳酸钠与丁香酚对鲤鱼作用的观察

【理论知识要点】

药物作用（drug action）是指药物对机体细胞的初始作用，是药物与机体大分子相互作用的结果。药物的基本作用主要包括兴奋（excitation）和抑制（inhibition）两大类。其中，药物使机体原有功能增强的作用称为兴奋；药物使机体原有功能减弱的作用称为抑制。按照药物作用的部位不同，可将其分为局部作用（local action）和吸收作用（absorptive action）；按照药物作用产生的先后，可将其分为直接作用（direct action）和间接作用（indirect action）。此外，药物作用还存在选择性（selectivity）与特异性（specificity）。

【实验目的】

1．通过观察渔用药物对鱼类的兴奋和抑制作用，掌握药物的基本作用。

2．通过观察渔用药物的兴奋作用和抑制作用，了解药物作用的潜伏期。

【实验原理】

过氧碳酸钠（sodium carbonate peroxide），又称固体双氧水，俗称"鱼浮灵"，白色结晶或结晶性粉末。约含 25% H_2O_2，遇潮可释出，属强氧化剂。常温下，过氧碳酸钠易溶于水并迅速放出氧气，增加水体的溶氧量，能迅速有效地提高水生动物的活力。

丁香酚（eugenol），又称 4-烯丙基-2-甲氧基苯酚，无色至淡黄色微稠液体。沸点为 250～255℃，相对密度为 1.064～1.068，折射率为 1.540～1.542，溶于 2 倍体积 60%乙醇与油类。丁香酚是一种天然的植物香料，其药理作用极其广泛，主要表现为能清除氧自由基起到抗氧化作用，对致病细菌和真菌具有抑制作用，对鱼类具有麻醉作用。

【实验对象】

鲤鱼苗（鲫鱼苗）[体长 12～15cm，（40±10）g]，规格均一，体质健康，无外伤。实验前均适应性暂养 1 天，按鱼体重的 2%投喂商品饲料。

【实验器材与药品】

器材：20L 养殖水槽等。

药品：过氧碳酸钠、丁香酚无水乙醇（1∶5）溶液。

实验用水：经过曝气除氯的自来水，pH7.2±0.2，溶氧量>6mg/L，水温 20～25℃。

【实验方法】

1）将过氧碳酸钠固体颗粒加入水槽中，经充分搅拌使其终浓度在 5mg/L，随机选取 2 尾鱼放入水槽中，观察并记录鲤鱼（鲫鱼）的呼吸及游动等情况。

2）另外随机选取 2 尾鱼放入 50mg/L 丁香酚的水槽中。记录自鱼被放入水槽至鱼体完全失去反应能力、鳃盖张合微弱、停止游动的时间，即麻醉时间；随后将鱼取出放入清水水槽中，记录自麻醉的鱼进入清水至身体恢复平衡，并恢复对外界的刺激做出反应的时间，即复苏时间。观察药物作用前后该鱼的呼吸及游动等能力的变化情况。

【注意事项】

1．过氧碳酸钠和丁香酚为渔用药物，吞食有害人体健康。

2．过氧碳酸钠对眼睛和皮肤有刺激作用，取用时应戴手套，注意防护。不慎与眼睛接触后应立即用大量清水冲洗并即刻就医。

3．过氧碳酸钠为易燃物品，取用时应注意远离可燃性物质。

【实验结果】

详细记录实验观察到的现象，列表分析药物的基本作用。

【讨论与思考】

1．过氧碳酸钠和丁香酚对鱼类作用的潜伏期分别是多长时间？

2．过氧碳酸钠对鱼类兴奋作用的表现有哪些？

3．丁香酚对鱼类麻醉作用的表现有哪些？

（湛垚垚　毛俊霞）

实验二 间氨基苯甲酸乙酯甲磺酸盐量-效关系的实验研究

【理论知识要点】

药物的量-效关系（dose-effect relationship）是指药物的药理效应与剂量或血药浓度的关系。在一定的范围内，药物的效应与靶部位的浓度呈正相关。明确药物的量-效关系是水产药理学理论与实践相结合的核心内容之一，通过分析药物的量-效关系，可有助于了解药物作用的性质、安全有效量及作用规律等，在水产养殖生产实践中，可为制订合理有效的用药方案提供依据。

【实验目的】

1．掌握渔用药物量-效曲线的绘制方法。

2．学会分析渔用药物剂量与效应之间的关系。

3．观察不同剂量渔用药物对水产动物的作用。

【实验原理】

间氨基苯甲酸乙酯甲磺酸盐（tricaine methanesulfonate，MS-222）（图 3-1），在国内的商品名为鱼安定、鱼保安等，国际上的商品名为 Tricaine、Fingudi、Matacaine，是美国食品药品监督管理局（Food and Drug Administration，FDA）批准的唯一用于食用鱼的麻醉剂，其特点是进入鱼体后主要蓄积于脾、肝，在肌肉中无明显的富集作用，其在清水中活鱼肌肉内的代谢时间约为 12h，广泛应用于鱼类的活体运输、注射、采卵采精、标志放流及外科手术等领域。

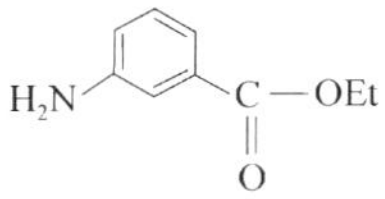

图 3-1 MS-222 的分子结构式

目前，关于渔用麻醉剂有效浓度的定义没有统一的标准，一般认为，理想的麻醉浓度需同时满足：3min 之内麻醉，5min 之内苏醒，在清水中暂养 1h 后消除药物残留的浓度。在实际应用中最好是根据实验来确定剂量，即取几尾待运输的鱼放入根据推荐剂量配制好的 MS-222 溶液中，等待 15～20min 后，若鱼体呈正常游动状态，保持静止不动，有声响时仅尾部轻微摆动，用小木棍轻触及头部时反应迟钝，用手去抓时不能及时逃避，表明该药液浓度适中，可以用于运鱼；若实验用鱼在药液中的行为和清水中接近，表明药液浓度偏低，需补加适量 MS-222；如果实验用鱼的鱼体偏斜或腹部朝上，表明药液浓度偏大，应补加适量水稀释，直至调节到适宜的药液浓度为止，否则，有可能造成鱼的深度麻醉而引起死亡。MS-222 在部分鱼类中的使用参考剂量见表 3-1。

表 3-1 MS-222 在部分鱼类中的使用参考剂量 （单位：g/m^3）

种类	规格	10℃以下	10～15℃	15～20℃	20～25℃
草鱼、鲤鱼、鲫鱼	稚鱼	5～10	15～20	25～30	30～40
	成鱼	5～15	20～25	25～30	35～40

续表

种类	规格	10℃以下	10～15℃	15～20℃	20～25℃
鳙鱼	稚鱼	5～10	10～17	20～25	25～30
	成鱼	5～15	15～20	20～25	25～35
白鲢	稚鱼	5～10	10～15	20～25	35～40
	成鱼	10～15	15～25	25～35	40～45
虹鳟鱼	稚鱼		30～35	30～40	40～45
	成鱼		30～40	40～45	45～50
罗非鱼	稚鱼			15～20	20～25
	成鱼			20～25	25～30
鳗鱼				50～60	60～80
鳅鱼				5～10	7.5～13.5

【实验对象】

泥鳅 18 尾，体重 10～15g，个体均匀、健康、活力较好。

【实验器材与药品】

器材：5L 玻璃缸。

药品：间氨基苯甲酸乙酯甲磺酸盐，纯度≥99%。

实验用水：曝气 24h 以上的自来水，pH7.2±0.2，溶氧量>6mg/L，水温 20～25℃。

【实验方法】

1）取 6 个 5L 玻璃缸，按表 3-2 灌入实验用水和 MS-222 原液配制 MS-222 不同浓度实验组，总体积为 5L。

表 3-2　不同实验组 MS-222 终浓度　　（单位：mg/L）

组别	0	1	2	3	4	5
MS-222 终浓度	0	50	100	150	200	250

2）每组中放入实验用泥鳅 3 尾，开始记录时间，当泥鳅出现肌肉张力丧失，鱼体挣扎时翻滚游动、鱼体侧躺或仰卧、鳃盖震动不连续，甚至呼吸停止等行为特征时，视为进入麻醉期，观察记录各组中泥鳅进入麻醉期的时间。

3）以药物浓度为横坐标（X 轴），以麻醉时间为纵坐标（Y 轴），绘制不同浓度 MS-222 对泥鳅麻醉作用时间的曲线。

【注意事项】

1．MS-222 可刺激眼睛、呼吸系统和皮肤，应注意防护，不慎入眼时应立即用大量清水冲洗。

2．浸浴时间过长会导致鱼体死亡，影响实验结果。

【实验结果】

根据不同浓度 MS-222 对泥鳅麻醉作用时间的曲线，分析 MS-222 对泥鳅麻醉作用的量-效关系。

【讨论与思考】

1. 分析不同浓度 MS-222 对泥鳅麻醉作用时间的曲线，找出 MS-222 对泥鳅的有效麻醉浓度，并阐明理由。

2. 根据相同组别中每个个体麻醉时间的差异，分析 MS-222 对泥鳅麻醉效果的个体差异。

（湛垚垚　毛俊霞）

实验三　药物的理化性质对药物效应的影响

【理论知识要点】

药物在机体内产生的药物作用和效应是药物和机体相互作用的结果，受药物和机体诸多因素的影响。

药物的理化性质是影响药物作用和药效的重要因素之一，药物的物理性质是指药物的溶解度、熔点、挥发性、吸湿和转化等；药物的化学性质是指氧化、还原、分解的化学反应特征。药物是脂溶性还是水溶性，会影响药物的吸收、分布、代谢、排泄；药物的化学稳定性影响药物的质量及体内过程。药物的化学结构是决定药物理化性质的物质基础，化学结构的改变能影响药物作用及体内过程。一般认为：化学结构相似的药物，其作用相似；化学结构相同的药物，但光学异构体不同，其药理作用或作用强度往往不同；多数药物左旋体比右旋体的药理活性强。

【实验目的】

熟悉药物的不同理化性质对药物效应的影响。

【实验原理】

氯化钠和亚硝酸钠为不同形式的钠盐，具有相似的外观，且都具有咸味。但是，由于两者的理化性质不同，对水产动物的毒性作用也有所不同。

氯化钠（sodium chloride），化学式为 $NaCl$，无色立方结晶或白色结晶，其来源主要是海水，是食盐的主要成分。其晶体结构中，较大的氯离子排成立方最密堆积，较小的钠离子则填充于氯离子之间八面体的空隙中。每个离子周围都被 6 个其他的离子包围着。氯化钠的熔点为 801℃，沸点为 1465℃，易溶于水，溶于甘油，几乎不溶于浓盐酸和乙醚，微溶于乙醇、丙醇、丁烷，在和丁烷互溶后变为等离子体。氯化钠分散在乙醇中可以形成胶体。一般认为，氯化钠属于一种安全无毒的产品。

亚硝酸钠（sodium nitrite），化学式为 $NaNO_2$，是亚硝酸根离子与钠离子化合生成的无机盐。白色至浅黄色粒状、棒状或粉末。有吸湿性，易潮解。在空气中慢慢氧化为硝酸钠。遇弱酸分解放出棕色三氧化二氮气体。溶于 1.5 份冷水、0.6 份沸水，易溶于水和液氨，微溶于乙醇、甲醇、乙醚等有机溶剂。其水溶液呈碱性，pH 约为 9。相对密度为 2.17。熔点为 271℃。有氧化性，与有机物接触能燃烧和爆炸，并放出有毒和刺激性的过氧化氮和氧化氮的气体。中等毒，半数致死量（大鼠，经口）为 180mg/kg。亚硝酸钠暴露于空气中会与氧气反应生成硝酸钠。若加热到 320℃或以上的温度则分解，生成氧气、氧化氮和氧化钠。由于其具有咸味且价格便宜，常在非法食品制作时用作食盐的不合理替代品，因为亚硝酸钠有毒，含有其盐的食品对人体危害很大，有致癌性。

【实验对象】

鲤鱼苗或鲫鱼苗［体长 12～15cm，（40±10）g］，规格均一，体质健康，无外伤。实验前均适应性暂养 1 天，按鱼体重的 2%投喂商品饲料。

【实验器材与药品】

器材：2L 养殖水槽、电子天平、玻璃烧杯、玻璃棒等。

药品：氯化钠、亚硝酸钠。

实验用水：经过曝气除氯的自来水，pH7.2±0.2，溶氧量>6mg/L，水温20～25℃。

【实验方法】

1）取5个干净的养殖水槽（2L），标记为0、1、2、3、4，按照表3-3用实验用水配制不同实验条件的试剂，0号组中仅为实验用水，无其他试剂。各组总体积2L。

表3-3　不同实验组实验试剂配制表

编号	0	1	2	3	4
试剂名称	—	NaCl	NaCl	$NaNO_2$	$NaNO_2$
浓度/（mg/L）	—	3	5	3	5

2）向各实验组中随机放入3尾实验用鱼，观察各组中实验用鱼的呼吸、运动等反应。

【注意事项】

1．亚硝酸钠具有毒性，误食可引起中毒反应。

2．亚硝酸钠接触有机物易燃烧爆炸，操作时应远离有机溶剂等。

【实验结果】

详细记录实验观察到的现象，分析药物的化学结构对药物作用的影响。

【讨论与思考】

根据实验结果，分析药物的化学结构与药物效应之间的关系及原因。

（湛垚垚　毛俊霞）

实验四 不同给药方式对氯化钾致刺参吐肠效应的影响

【理论知识要点】

药物从用药部位进入血液循环的过程称为药物吸收（drug absorption），药物吸收是药物发挥作用的重要前提。药物吸收受很多因素影响，如药物自身的理化性质、剂型和给药方式等。给药方式可直接影响药物吸收的程度和速度，因此给药方式是药物吸收的最大影响因素。临床医学上，主要有吸入给药、口服给药、舌下给药、注射给药、经皮给药、直肠给药等常见的给药方式。一般认为，不同给药方式下药物吸收的快慢顺序为：吸入给药＞舌下给药＞体腔注射＞皮下注射＞口服给药＞直肠给药＞经皮给药。此外，相同药物通过不同的给药方式可以产生不同的药理作用。例如，硫酸镁口服给药可导致腹泻，而注射给药则有镇痉、镇静及降低颅内压等作用。

在渔业生产中，水产动物的种类和发育阶段不同，给药方式也不同。常见的水产动物给药方式主要有浸泡给药、泼洒给药、口服给药和注射给药等。

【实验目的】

1．掌握棘皮动物体腔注射的方法。

2．观察不同给药方式对药物作用的影响。

【实验原理】

氯化钾（potassium chloride），化学式为 KCl，白色晶体，外观如同食盐，味极咸，无毒无臭。水产养殖中经常遇到海参吐肠，海参吐肠实际上是对有害刺激的应激反应，如高温、低氧和脏水，也是躲避摄食者的一种策略。在水产养殖实验中，常用氯化钾溶液作为海参吐肠的诱导剂，以便后续进行海参器官再生的组织学及基因功能研究。

【实验对象】

刺参，选择个体均匀、疣足坚挺、体表无损伤、活力较好的健康刺参。

【实验器材与药品】

器材：塑料方盒、无菌注射器、分析天平、玻璃棒、烧杯、容量瓶、一次性手套等。

药品：氯化钾（KCl）。

实验用水：经过砂滤器过滤的天然海水，盐度为 28‰～30‰，水温为 15～16℃。

【实验方法】

1）实验动物饲养及管理：购买来的刺参在实验室条件下饲养两周，禁食 24h 后，选择个体均匀、疣足坚挺、体表无损伤、活力较好的健康刺参 15 只作为实验对象。按照每组 5 只将实验刺参随机分成 3 组，一组为对照组（0），两组为实验组，分别是浸泡给药组（1）和注射给药组（2）。

2）取 3 个同样规格的塑料方盒，分别标记为对照组（0）、浸泡给药组（1）、注射给药组（2）。每个塑料方盒中均灌入等量的实验用水。戴上手套，轻轻取 5 只实验刺参放入 0 号塑料方盒中作为对照。

3）往 1 号塑料方盒中加入适量的 KCl，使 KCl 终浓度为 0.35mol/L，充分搅拌至完全溶解。随后，戴上手套，轻轻取 5 只实验刺参放入塑料方盒中。

4）戴上手套，取实验刺参 5 只。用一次性无菌注射器，从刺参腹部管足处向内斜插入，每只刺参注射 2～4ml 0.35mol/L KCl 溶液，随后，将注射后的 5 只实验刺参放入 2 号塑料方盒中。

5）观察并记录每组中每只刺参的吐肠情况。

【注意事项】

1. 实验中捉拿海参时应保证手干净、无油污，最好戴上手套。
2. 氯化钾避免与氧化剂接触。

【实验结果】

列表记录各组海参吐肠情况。

【讨论与思考】

给药途径不同时，药物作用为什么有的会出现质的差异，有的会出现量的不同？

（孙志惠）

实验五 磺胺类药物在鲤鱼体内半衰期的测定

【理论知识要点】

半衰期（half life，$t_{1/2}$）又称清除半衰期，是指药物在体内的量或血药浓度下降一半所需的时间。药物的半衰期是药代动力学的重要参数之一，反映了药物在体内消除（排泄、生物转化及储存等）的速度，表示了药物在体内的时间与血药浓度间的关系。药物半衰期的长短是决定给药剂量、给药次数及判断药物在体内消除程度的重要依据。一级动力学消除的药物半衰期恒定，零级动力学消除的药物半衰期随给药剂量的增大而延长。半衰期长的药物在体内消除慢，给药的间隔时间要适当延长；反之亦然。消除快的药物，如给药间隔时间过长，体内稳态血药浓度太低，达不到治疗效果。在渔业生产中，熟悉和掌握各种渔药在不同水产动物体内的半衰期，可为制订合理、有效的用药方案及确定渔用药物相应的休药期提供一定的参考依据。

【实验目的】

了解单次给予磺胺类药物后，体内血药浓度随时间变化的规律，并掌握半衰期及其他药动学参数的计算方法。

【实验原理】

绝大多数磺胺类药物都含有芳伯氨基，在酸性条件下，亚硝酸钠与磺胺类药物分子中的芳伯氨基（$-NH_2$）发生重氮化反应生成重氮盐（$-NH_3^+$），重氮盐与亚硝酸钠发生重氮化反应生成重氮盐（$—N^+\equiv N^+—$），在碱性条件下与酚偶合呈色，生成橙色的偶氮染料，该化合物在 525nm 波长下比色，磺胺类药物的吸光度值与其浓度成正比。反应式如图 3-2 所示。

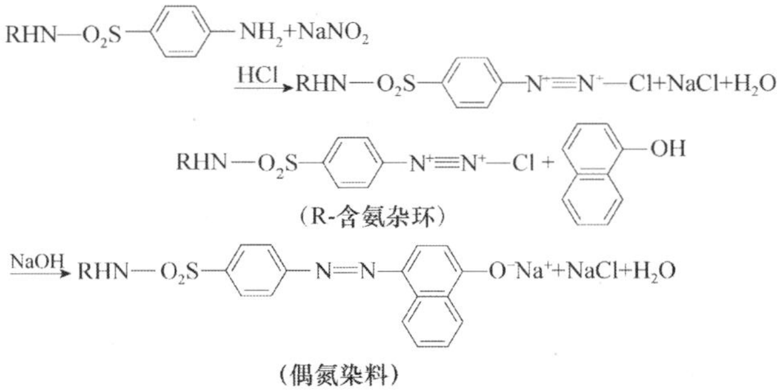

图 3-2 磺胺类药物显色反应原理

磺胺嘧啶（sulfadiazine，SD）又称对氨基-*N*-2-嘧啶基苯磺酰胺。SD 是渔业生产实践中常用的磺胺药之一，具有抗菌力强、蛋白结合率低的优点，易进入组织及脑脊液中，是水产养殖过程中广泛使用的广谱抗菌药，对水产养殖中的细菌性竖鳞病、弧菌病、烂鳃病等疾病均有良好的防治效果。

【实验对象】

鲤鱼，体重（150±10）g，健康无病。

【实验器材与药品】

器材：721 型可见分光光度计、离心机、5ml 注射器、试管、滴管、移液管（0.1ml、1ml、2ml、5ml、10ml）、移液器、试管架、半对数坐标纸、玻璃记号笔、药棉、计算器等。

药品：20%磺胺嘧啶钠注射液、0.04%磺胺嘧啶标准液、5%三氯乙酸溶液、0.5%亚硝酸钠溶液、20% NaOH 配制的 0.5%麝香草酚溶液、0.3%肝素生理盐水、25%氨基甲酸乙酯溶液、蒸馏水等。

实验用水：经过曝气除氯的自来水，pH7.2±0.2，溶氧量>6mg/L，水温 20～25℃。

【实验方法】

1．采血

随机取一条健康、未给药鲤鱼，从尾柄远端静脉采集全血至采血管中（采血管预先肝素化处理）。分别取 0.1ml 空白血样放入含 7.8ml 5%三氯乙酸溶液的 0 号管（对照管）和 S 号管（标准管）中，摇匀静置。

2．给药

随机另取 8 尾健康鲤鱼，麻醉后，分别静脉给予 NaSD（40mg/kg），放回至水箱中苏醒。分别于注射后的 1min、3min、5min、7min、10min、25min、45min、75min 各时间点取出 1 尾鲤鱼从尾柄远端静脉采集全血 0.1ml，加到含有 7.8ml 5%三氯乙酸溶液的试管（管号 1～8）中摇匀。标准管加入 0.02% NaSD 标准液 0.1ml，其余各管加蒸馏水 0.1ml 摇匀。

3．显色

上述各管于 3000r/min 离心 5min，分别移取上清液 3ml，依次加入 0.5%亚硝酸钠溶液 1ml，摇匀，再加入 0.5%麝香草酚溶液 2ml，摇匀后为橙色。

4．测定

在 525nm 波长下，用对照管调零，用 721 型可见分光光度计测定各管的吸光度值（表 3-4）。

表 3-4 磺胺类药物血药浓度测定操作表

试管（管号）	时间/min	5%三氯乙酸/ml	血/ml	蒸馏水/ml		0.5%亚硝酸钠/ml	0.5%麝香草酚/ml	吸光度值(A_{525})
对照管（0）	—	7.8	0.1	0.1	充分摇匀，3000r/min，离心 10min，取上清液 3ml	1	2	
给药后（1）	1	7.8	0.1	0.1		1	2	
2	3	7.8	0.1	0.1		1	2	
3	5	7.8	0.1	0.1		1	2	
4	7	7.8	0.1	0.1		1	2	
5	10	7.8	0.1	0.1		1	2	
6	25	7.8	0.1	0.1		1	2	
7	45	7.8	0.1	0.1		1	2	
8	75	7.8	0.1	0.1		1	2	
标准管（S）	—	7.8	0.1	标准液 0.1		1	2	

5．计算

NaSD 血药浓度与吸光度值成正比，计算各样品管浓度，公式如下。

$$C_{样品}(\mu g/ml) = \frac{A_{样品}}{A_{标准}} \times C_{标准}(\mu g/ml)$$

6. NaSD 半衰期计算

1）药物在一次快速静脉注射后，以时间（t）为横坐标，血药浓度对数值（$\lg C$）为纵坐标绘制药-时曲线。判断房室数。拟合相应房室模型的动力学方程。

如药-时曲线为一直线，则为开放一室模型，其动力学方程为

$$C_t = C_0 e^{-k_e t}$$

式中，C_t 为 t 时的血浆药物浓度；C_0 为初始给药浓度；k_e 为消除速率常数。将方程两侧取对数，则其斜率为 $\frac{-k_e}{2.303}$，可求得 k_e，根据回归方程可得直线的截距为 $\lg C_0$，从而求得 C_0。

如药-时曲线由两段不同的直线构成，即药-时曲线呈双指数衰减，则为开放二室模型，其动力学方程为

$$C_t = Ae^{-\alpha t} + Be^{-\beta t}$$

式中，C_t 为 t 时的血浆药物浓度；α 为分布相的速率常数，称分布速率常数，反映体内药物分布的速度；β 为消除相的速率常数，称消除速率常数，反映体内药物消除的速度；B 为药-时曲线中 β 相段外延至纵坐标（浓度）的截距；将实验中实际测得的血浆药物浓度值减去 β 相段上各相应时间点的数值，再将其差值在同一药-时图上作图得一直线，将此直线外延至纵坐标的截距即 A。

上式中的 B、β、A、α 利用直线回归法和剩余法（残差法）计算其方程式。在坐标图上将各实测浓度点连线，找到该线的拐点，先利用直线回归法求算末端消除相方程 $C_2 = Be^{-\beta t}$，并算出外推线上相应时间的浓度（外推浓度），再减去初始分布相中实测浓度值，即可得到一系列剩余浓度值（残差浓度）。再利用直线回归法求出初始分布相中剩余浓度值的线性方程 $C_1 = Ae^{-\alpha t}$。最终得到完整的 NaSD 二室模型动力学方程。

2）计算半衰期。

分布半衰期（half-life of distribution）：

$$t_{1/2\alpha}(\min) = \frac{0.693}{\alpha}$$

消除半衰期（half-life of elimination）：

$$t_{1/2\beta}(\min) = \frac{0.693}{\beta}$$

【注意事项】

1. 实验动物剂量选取体重接近的为一组，可将全班数据取平均值后进行计算，以减小系统误差。

2. 剂量要准确，采样工作准备充分，尤其初期几个时间点，保证采样时间准确。

【实验结果】

将各时间点血药浓度数据填入表 3-5 中，并进行相应计算及分析。

表 3-5 NaSD 药-时数据表

时间（t）/min	实测浓度（C）/（μg/ml）	外推浓度（C'）/（μg/ml）	剩余浓度（C''）/（μg/ml）
1			
3			
5			
7			
10			
25			
45			
75			

【讨论与思考】

在实际生产过程中测定药物半衰期的意义有哪些?

【附录】

附录 1. 计算器（具有直线回归功能）计算药动学参数步骤

MODE MODE 2 3⟶ shift CLR 1 = ⟶t_1, C_1 DT ⟶t_2, C_2 DT⟶ ……shift S-VAR ►►1=$\boxed{B}$

Shift S-VAR ►►2=$\boxed{\beta}$►（t_1）shift S-VAR ►►►2=$\boxed{外推\ C_1}$……

计算残差浓度，之后

MODE MODE 2 3⟶ shift CLR 1 = ⟶ t_1, C_1''DT ⟶ t_2, C_2'' DT ⟶ ……shift S-VAR ►►1=$\boxed{A}$⟶ Shift S-VAR ►►2=$\boxed{\alpha}$

附录 2. 残差法

将一个多项指数式解析成几个不同组成，即当时间 t 足够长时，其中速率常数较大的指数项会无限趋近 0，从而可以忽略此项，剩下速率常数较小的单项指数，经对数转换后，可通过作线性回归，然后逐次剥脱，最终留下一个单项指数式，分别求得各参数，之后再以残差浓度对时间作直线回归，将之前速率常数较大的指数项也变成单项指数式，求得其对应各参数，之后将所有参数整合在一起，即求得完整多项指数式方程。

（王 丽）

实验六 药物半数致死量的测定

【理论知识要点】

半数致死量（median lethal dose，LD_{50}）或半数致死浓度（median lethal concentration，LC_{50}）是指能引起 50%实验动物死亡的剂量或浓度。如果效应指标为中毒则可改用半数中毒浓度（TC_{50}）、半数中毒剂量（TD_{50}）。半数致死量是衡量药物毒性的指标，其值越小，毒性越大；其值越大，毒性越小。

LD_{50}反映药物的急性毒性大小，是最常用的评价渔用药物毒性的指标，LD_{50}值越小，表示药物的毒性越大，在评价渔用药物临床应用安全性方面具有一定的参考意义。

【实验目的】

1．掌握溴氯海因对水产动物的急性毒性。

2．掌握药物半数致死量的测定方法。

【实验原理】

溴氯海因（1-溴-3-氯-5,5-二甲基海因，1-bromine-3-chloro-5,5-dimethyl-hydantoin），又名菌藻清，化学式为 $C_5H_6BrClN_2O_2$（图 3-3A），外观为白色粉末。溴氯海因可杀灭细菌、真菌、芽孢与病毒等，是一种高效、广谱的消毒杀菌剂。溴氯海因的作用原理是，其在水中能够通过溶解不断释放出活性 Br^-和活性 Cl^-，形成次溴酸和次氯酸，生成的次溴酸和次氯酸具有强氧化性，可将微生物体内的生物酶氧化从而达到杀菌的效果（图 3-3B）。

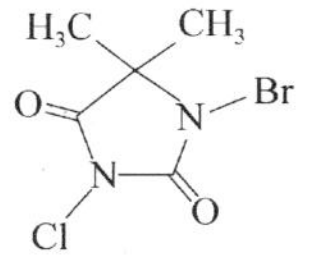

A

$$C_5H_6BrClN_2O_2 + 2H_2O \longrightarrow C_5H_8N_2O_2 + HOBr + HOCl$$

B

图 3-3 溴氯海因的分子结构式（A）及其在水中的反应式（B）

在水产养殖方面，溴氯海因常用于养殖水环境的消毒处理，预防及治疗由细菌及病毒引发的水产养殖动物疾病。对于草鱼、鲤、鲫、鳊、鲢、鳙等常规鱼类防治病毒病的第二次感染及鳃部疾病，预防对虾的白斑病，治疗对虾的弧菌病等均有较好的效果。与其他常规含氯消毒剂相比，溴氯海因具有不受水体 pH 影响、杀菌效果稳定、使用后不破坏水色、可维护水体浮游生物优良种群等优势。

【实验对象】

日本沼虾虾苗（体长为 2.0～3.0cm），规格均一、体质健康、附肢健全的个体用于实验。实验前，适应性暂养 1 天，按体重的 2%投喂商品饲料。

【实验器材与药品】

器材：20L 塑料水桶、电子天平、玻璃烧杯、玻璃棒等。

药品：溴氯海因（有效氯 30%）。

实验用水：经过曝气除氯的自来水，pH7.2±0.2，溶氧量＞6mg/L，水温 20～25℃。

【实验方法】

1）实验采用静水法进行。溴氯海因浓度按照等对数间距法或等量递增法设置梯度。

2）将 11 个干净的塑料水桶（20L）分别标记为 0、1、2、3、4、5、6、7、8、9、10，同时注入 10L 实验用水，按照表 3-6 添加实验药物至所需实验浓度后，再混匀或使其充分溶解。

表 3-6　溴氯海因在日本沼虾虾苗中 LD_{50} 测定表

桶号	溴氯海因浓度/（mg/L）	死亡率/%	
		24h	48h
0	0.00		
1	2.00		
2	2.99		
3	4.48		
4	6.68		
5	10.00		
6	13.80		
7	19.05		
8	26.30		
9	36.30		
10	50.00		

3）随机选取健康日本沼虾幼虾，按照每桶 10 尾，分别放入不同标号的水桶中，整个实验过程中不投饵、不充气，每 24h 更换一次药液。

4）在实验过程中，注意观察和记录用药后各桶中日本沼虾幼虾的反应。每 24h 统计一次各桶中日本沼虾幼虾的存活和死亡情况，填入表 3-6 中。死亡的判断标准为用手拍动圆桶，实验虾无任何反应。

【注意事项】

1. 溴氯海因在正常使用剂量范围内无腐蚀性，但高剂量时具有腐蚀性。

2. 使用本品时应注意戴橡胶手套以避免与皮肤接触。

【实验结果】

详细记录实验观察到的现象，采用 Bliss 法分析（用 SAS8.0 软件调用 Probit 程序）分别计算溴氯海因对日本沼虾幼虾 24h 和 48h 的 LD_{50}，并进行曲线拟合效果的检验。

计算溴氯海因对日本沼虾幼虾的安全浓度：

$$安全浓度（SC）=48h\ LD_{50}\times 0.3/(24h\ LD_{50}/48h\ LD_{50})^2$$

【讨论与思考】

溴氯海因对日本沼虾幼虾的急性毒性作用有哪些，如何避免？

（湛垚垚　毛俊霞）

实验七 药物半数有效量的测定

【理论知识要点】

半数有效量（median effective dose，ED_{50}）或半数有效浓度（median effective concentration，EC_{50}）是指能引起50%的动物出现阳性反应的药物剂量或浓度。半数有效量（或浓度）越小，表明药物活性越强；反之，药物活性越弱。

在渔业生产上，通常以LD_{50}/ED_{50}值，即治疗指数（therapeutic index，TI），表示渔用药物的安全性。一般认为，TI值越大，药物的安全性越大，但是，当药物的量-效曲线与其剂量-毒性曲线不平行时，TI值则不能完全表示药物安全性的差异，此时，对药物安全性的评价除考虑TI值外，还需要综合考虑药物的安全系数（SF）（$=LD_5/ED_{95}$）和药物的可靠安全系数（CSF）（$=LD_1/ED_{99}$）两个因素，三者数值大，说明药物的安全性较好。

【实验目的】

1. 掌握药物半数有效量测定的基本方法。
2. 了解药物半数有效量测定的意义。

【实验原理】

丁香酚（$C_{11}H_{12}O_2$），学名为4-烯丙基-2-甲氧基苯酚，是丁香油的主要成分，酚含量≥95%，淡黄色液体，难溶于水，易溶于醇、醚或冰醋酸，具有麻醉作用。其因价格低廉、安全、高效，成为一种广泛应用的水产类麻醉剂。在合适浓度的丁香酚药液中，鱼因被麻醉而失去平衡，翻正反射消失。当把已经进入麻醉状态的鱼再次放入清水中时，麻醉鱼体翻正反射恢复。丁香酚浸泡后产生的麻醉效应，可以用鱼体翻正反射的消失来判断，该指标仅有阴性和阳性两种现象，属于质反应。以该质反应中对数剂量为横坐标，反应百分率为纵坐标，绘制量-效曲线，形成一条常态分布曲线，该曲线的中央部分（50%反应处）接近一条直线，斜率最大，其相应的剂量也就是能使群体中半数个体出现某一效应的剂量，通常为半数有效量。

ED_{50}的计算方法有多种，如序贯法、目测概率单位法、寇氏法，孙氏改良的寇氏法最为常用。孙氏改良的寇氏法设计的条件是：各组实验动物数相等，各组剂量呈等比数列，各组动物的反应率大致符合常态分布。若以X_m为最大反应率组剂量的对数，i为组间剂量比的对数，P为各组反应率，P_m为最高反应率，P_n为最低反应率，n为实验组数，则

$$ED_{50}=\log^{-1}\left[X_m-i\times(\Sigma P-0.5)\right]$$

【实验对象】

鲤鱼，规格均匀，健康，初始体长和重量一致。

【实验器材与药品】

器材：水族缸、玻璃烧杯、充氧棒、分析天平、烧杯、玻璃棒等。

药品：丁香酚。

实验用水：经过曝气除氯的自来水，水温（26.0±1.0）℃，pH7.0～7.5，溶氧量≥6.0mg/L，亚硝酸盐≤0.2mg/L，氨氮≤0.2mg/L。

【实验方法】

1．实验动物的饲养及管理

实验用鱼在实验室条件下饲养两周，禁食 24h 后，对每条鱼的体重和体长进行测量，挑选规格均匀、健康、初始体长和重量一致的鲫鱼作为实验对象，采用相同的水族缸饲养。

2．丁香酚药液的配制

把丁香酚与乙醇按 1：8 的比例配比制成溶液，静置 10min 后备用。

3．探索剂量范围（预实验）

取 50 尾实验用鱼，每组 10 尾，随机分成 5 组，包括组距较大的一系列剂量。分别将每组实验用鱼放入不同浓度的丁香酚药液中，3min 后，观察实验用鱼的反应，并记录被麻醉的鱼的数目。由此获得鲫鱼对丁香酚麻醉反应率为 100%的最小剂量（ED_{100}）和反应率为 0%的最大反应剂量（ED_0）。

4．确定组数（n）并计算各组剂量

1）根据组距确定组数，一般为 5～8 个剂量组。

2）确定组距后，按照以下公式计算各组剂量公比 r：

$$r=\sqrt[n-1]{\frac{ED_{100}}{ED_0}}$$

3）计算各组剂量：求得公比后，自第一剂量组（ED_0）开始，乘以 r，可得相邻的下一个组的剂量。例如，第一组剂量为 ED_0，第二组剂量为 $ED_0\times r$，第三组剂量为 $ED_0\times r^2$，第四组剂量为 $ED_0\times r^3$，第五组剂量为 $ED_0\times r^4$，后面各组的剂量，依次类推。

5．给药

取实验用鱼若干，按照每组 10 尾，随机分组。分别将每组实验用鱼放入不同浓度的丁香酚药液中，3min 后，观察实验用鱼的反应，并记录被麻醉的鱼的数目。

6．计算

1）将实验结果汇总于表 3-7。

表 3-7　丁香酚对鲤鱼 ED_{50} 的计算记录表

组别	实验用鱼数目	给药剂量/（mg/L）	对数剂量	麻醉鱼数	P	P^2
1	10					
2	10					
3	10					
4	10					
5	10					
6	10					

2）按照公式计算鲤鱼中丁香酚的半数有效量。

$$ED_{50}=\log^{-1}[X_m-i\times(\Sigma P-0.5)]+i/4(1-P_m-P_n)$$

式中及表 3-7 中，X_m 为最大反应率组剂量的对数；i 为组间剂量比的对数；P 为各组反应率；P_m 为最高反应率；P_n 为最低反应率；n 为实验组数。

【注意事项】

1．鱼理想的麻醉浓度是 3min 之内麻醉，5min 之内苏醒，因此观察并记录浸入丁香酚药液中 3min 后实验用鱼的麻醉情况。

2．实验用鱼的种类、体重、观察时间都会影响 ED_{50} 的测定结果。

3．给药时，应根据药物剂量由大到小依次给药。

4．给药后，应尽可能保持环境安静，减少对实验用鱼的刺激。

【实验结果】

根据记录数据，计算丁香酚对鲤鱼的 ED_{50}。

【讨论与思考】

1．测定半数有效量的目的和意义分别是什么？

2．计算半数有效量的方法有哪几种，各有什么优缺点？

（孙志惠）

实验八　药物抗凝血作用的研究

【理论知识要点】

抗凝血药物（anticoagulant）是指能够通过抑制凝血过程而阻止血液凝固的药物。在临床医学上，抗凝血药物主要用于血栓栓塞性疾病的治疗、全血液学一般性检查等。在渔业生产中，用于水产动物血细胞渗透性、血液相关指标的检测等。

【实验目的】

1．掌握不同药物抗凝血作用的基本原理。

2．掌握鱼类尾静脉取血方法。

3．观察肝素钠、柠檬酸钠的抗凝血作用，了解肝素钠、柠檬酸钠的抗凝特点。

【实验原理】

肝素钠（heparin sodium）是黏多糖硫酸酯类抗凝血药物。肝素钠是由猪或牛的肠黏膜中提取的硫酸氨基葡聚糖的钠盐，属黏多糖类物质。肝素可加强抗凝血酶Ⅲ（AT-Ⅲ）灭活丝氨酸蛋白酶，从而具有阻止凝血酶形成、对抗凝血酶和阻止血小板聚集等多种作用。每毫升血液抗凝需要肝素钠（15±2.5）IU。肝素钠是检测红细胞渗透性的理想抗凝剂。

柠檬酸钠（sodium citrate），又名枸橼酸钠，是一种有机化合物，外观为白色到无色晶体。无臭，有清凉咸辣味。常温及空气中稳定，在湿空气中微有溶解性，在热空气中产生风化现象。易溶于水，可溶于甘油，难溶于醇类及其他有机溶剂。可与血中钙离子形成可溶性螯合物，从而阻止血液凝固。对凝血Ⅴ因子有较好的保护作用，使其活性降低，故常用于凝血象的检查，也用于红细胞沉降率的测定。柠檬酸钠的毒性小，是输积压保养中的成分之一。

【实验对象】

鲤鱼（鲫鱼）2 尾，健康、活力较好。

【实验器材与药品】

器材：5L 玻璃缸、5ml 注射器、试管等。

药品：5%肝素钠、3%柠檬酸钠、95% NaCl。

【实验方法】

1）取 3 支试管，进行标记，按表 3-8 装入药品。

表 3-8　药物抗凝血作用操作表

项目	1	2	3
药品名称	95% NaCl	5%肝素钠	3%柠檬酸钠
体积/ml	0.5	0.5	0.5

2）取出实验用鱼，尾静脉取血。

3）分别给 3 支试管加 1ml 取出的尾静脉血，充分振摇后，记录时间，以后每隔 30s 倾试管一次。

4）观察记录每个试管中血液凝固的情况及凝血时间。

【实验结果】

计算不同药物中血液的凝固时间。

【讨论与思考】

1．分析肝素钠和柠檬酸钠抗凝血作用的特点。

2．试分析肝素钠和柠檬酸钠在渔业生产中用途的异同点。

（毛俊霞）

实验九　药物的拮抗反应

【理论知识要点】

两种或两种以上药物同时应用或先后应用，有时会产生一定的相互影响，不同药物间的作用主要有两种形式：一种是当两种以上的药物合并应用时，其作用可因互相协同而加强，称为药物间的协同作用（synergism）；另一种是当两种以上的药物合并应用时，药效因相互对消而减弱，称为药物间的拮抗作用（antagonism）。在使用两种或者两种以上的渔药时，我们必须考虑这两种作用，如果搭配合理的话，则会提高疗效，缩短治疗时间，减少损失；如果搭配不合理的话，就会降低疗效，甚至产生毒性，从而引起不必要的损失。常见渔药的配伍禁忌如表 3-9 所示。

表 3-9　常见渔药的配伍禁忌

渔药名称	配伍禁忌
生石灰	漂白粉、鱼安、钙、重金属、盐类、有机化合物等
漂白粉	酸类、福尔马林、生石灰等
高锰酸钾	有机物、乙醇、氨等
新洁尔灭	碘、碘化钾、过氧化钠等氧化剂及肥皂、洗衣粉等
青霉素	与碱性药液如磺胺噻唑（ST）注射液等逐渐失效；与酸性药物如四环素等分解失效；与氧化剂、碘溶液、高锰酸钾、过氧化氢溶液失效；与重金属盐如铜、汞、铅等失效
土霉素	与中性及碱性溶液沉淀失效
金霉素	与复方碘溶液沉淀失效
四环素	与生物碱沉淀失效，与含氯消毒剂、挥发油、脂肪油共用分解失效
硫酸铜	与氨溶液、碱性液体、鞣酸及其制剂等沉淀失效

【实验目的】

1．观察硫酸铜对鲤鱼（鲫鱼）的毒性作用。

2．观察硫酸铜与氢氧化钠溶液的拮抗作用。

【实验原理】

硫酸铜是常见的渔用消毒剂。常以 $0.5g/m^3$ 的水体终浓度全池泼洒，防治鱼类原虫类寄生虫疾病。也可作为鱼种的消毒剂，常以 8mg/L 浸洗鱼种 15～30min，防治原虫类寄生虫病。在养殖生产中，一般是将硫酸铜与硫酸亚铁联合使用（5∶2），称为铜铁合剂，泼洒剂量一般为 $0.7g/m^3$。鲤鱼、鲫鱼对硫酸铜特别敏感，当长期浸浴于浓度大于 $0.7g/m^3$ 的水体时，鲤鱼、鲫鱼会出现中毒死亡现象。硫酸铜与碱性溶液反应可产生蓝色沉淀，从而失去药效（表 3-10）。

表 3-10　硫酸铜对养殖动物的毒性（张洪玉等，2011）

水产动物	温度/℃	溶氧量/（mg/L）	48h LC_{50}/（mg/L）	96h LC_{50}/（mg/L）	SC/（mg/L）
河蟹大眼幼体	19.5～20.5	5.48	3.74	1.50	0.15
泥鳅	18.0～20.0	5.00～5.90	3.84	3.50	0.41

续表

水产动物	温度/℃	溶氧量/（mg/L）	48h LC_{50}/（mg/L）	96h LC_{50}/（mg/L）	SC/（mg/L）
黄颡鱼	21.0～23.0	5.60	—	—	1.20
黄颡鱼苗	20.2～22.0	—	1.74	—	0.28
黄鳝鱼种	16.0～20.0	4.00～5.00	10.00	—	2.10
罗氏沼虾幼体	25.5～29.5	5.40	0.56	0.56	0.16
暗纹东方鲀仔鱼	20.0～22.0	—	1.03	—	0.21
长吻鮠	26.0	—	0.68	0.64	0.06
赤眼鳟	16.0～20.0	4.00～5.00	0.21	0.21	0.06
倒刺鲃鱼苗	22.0～26.0	5.10～5.40	1.20	1.20	0.36
翘嘴红鲌鱼苗	20.5～22.0	6.14～6.30	0.37	0.37	0.11
月鳢	23.0～26.0	4.80～6.10	25.00	2.00	6.94
沙塘鳢	15.0～23.0	4.75～5.40	2.00	1.78	0.30

【实验对象】

鲤鱼苗或鲫鱼苗［体长 12～15cm，（40±10）g］，规格均一，体质健康，无外伤。实验前均适应性暂养 1 天，按照鱼体重的 2%投喂商品饲料。

【实验器材与药品】

器材：2L 养殖水槽、电子天平、玻璃烧杯等。

药品：硫酸铜、氢氧化钠。

实验用水：经过曝气除氯的自来水，pH7.2±0.2，溶氧量>6mg/L，水温 20～25℃。

【实验方法】

1）取 3 个干净的养殖水槽（2L），标记为 0、1 和 2，并按照表 3-11 进行相应操作。

表 3-11 药物的拮抗反应操作表

组分名称	0	1	2
硫酸铜/mg	—	4.0	4.0
曝气自来水/L	2.0	2.0	1.8

2）将实验用鱼随机分成 3 组，每组 3 尾，分别放入标号为 0、1 和 2 的水槽中。同时，向 2 号水槽中缓慢均匀注入 0.1mol/L 氢氧化钠溶液 200ml。观察各组中实验用鱼的运动、呼吸等反应情况，观察 2 号水槽注入氢氧化钠溶液之后水体的变化情况。

【注意事项】

1．硫酸铜对眼和皮肤黏膜有刺激性，对胃肠道也有刺激性，误服引起恶心、呕吐、口内有铜性味、胃烧灼感。

2．氢氧化钠具有强烈的刺激和腐蚀性，直接接触皮肤和眼会引起灼伤，误服可造成消化道灼伤。

【实验结果】

详细记录实验观察到的现象，列表分析药物的拮抗作用。

【讨论与思考】

结合实验结果分析并加以讨论。

1. 硫酸铜对鲤鱼（鲫鱼）的毒性作用有哪些?

2. 硫酸铜在实际应用中的配伍禁忌有什么?

（湛垚垚）

实验十 药物的体外抗菌实验

【理论知识要点】

药物的体外抗菌实验（antimicrobial test *in vitro*）是在体外筛选抗菌药物或测定细菌对药物敏感程度的实验，广泛地应用于科学研究、医疗工程、农业生产等领域，在抗菌药物筛选、药物抗菌谱测定、药物敏感性测定等方面发挥着重要作用。

药物的抗菌作用主要分为抑菌作用和杀菌作用。抑菌作用是指药物能够抑制微生物的生长繁殖，但不能杀死微生物，当药物去除之后，微生物又能恢复生长。杀菌作用是指药物能够杀死微生物，当药物去除之后微生物不能恢复生长。

根据抗菌作用的不同，药物的体外抗菌实验分为抑菌实验和杀菌实验两大类。

1）抑菌实验的主要方法包括连续稀释法（serial dilution test）和琼脂扩散法（agar diffusion test）。其中，连续稀释法可用于测定药物的最低抑菌浓度（minimum inhibitory concentration，MIC），主要包括液体培养基连续稀释法和固体培养基连续稀释法两种；琼脂扩散法则是利用药物在琼脂中的扩散性，以药物有效范围内形成的抑菌圈直径或抑菌距离来衡量和评价药物的抑菌效果，主要有滤纸片法、打孔法和挖沟法。

2）杀菌实验主要通过测定药物的最低杀菌浓度（minimum bactericidal concentration，MBC）或最低致死浓度（minimum lethal concentration，MLC）评价药物对微生物的致死活性。一般而言，最低杀菌浓度是指药物能杀死微生物的最低浓度，也可定义为在一定条件下，使绝大多数微生物被杀死，但允许有最少量微生物存活的药物最低浓度。测定药物最低杀菌浓度的方法有连续稀释法、活菌计数法、苯酚系数测定法（又称石炭酸系数测定法，phenol coefficient）等。

【实验目的】

1．熟悉滤纸片法体外抗菌实验的操作步骤。

2．掌握药物体外抗菌能力测定的方法。

3．了解药物体外抗菌实验的实际用途。

【实验原理】

滤纸片法是用于检测药物体外抑菌活性最常用的方法。其基本原理是将目标微生物（细菌或病原微生物）均匀混入琼脂培养基，制成含菌平板，然后用一定规格的滤纸片蘸取药液置于含菌平板上，经过一定时间培养后观察结果，根据抑菌圈的直径大小判断微生物对药物的敏感程度或评价药物抗菌效果的强弱，适用于抗菌药物的初步筛选及临床选择用药实验。1981 年，世界卫生组织（WHO）推荐使用的标准化药敏实验方法——Kirby-Bauer 法（K-B 法）的基本原理就是滤纸片法，但须在实验时选用统一的培养基、菌液浓度、纸片质量、纸片含药量及其他实验条件等，在判断结果时，需用游标卡尺准确测量，以判断细菌对药物的敏感程度是抗药、中等敏感还是敏感。

弧菌（*Vibrio*）是海洋环境中最常见的一类条件致病菌，是目前海水养殖动物的主要病原菌之一。弧菌有许多致病种类和菌株，能够引起养殖水产动物出现皮肤溃烂、烂尾、烂鳍、出血等症状，导致养殖水产动物对外界反应迟钝、摄食率下降或停止摄食等。目前，国内外已经鉴定的致病弧菌主要有副溶血弧菌（*V. parahaemolyticus*）、鳗弧菌（*V.*

anguillarum）、溶藻弧菌（*V. alginolyticus*）、哈维氏弧菌（*V. harveyi*）、创伤弧菌（*V. vulnificus*）、拟态弧菌（*V. mimicus*）、产气弧菌（*V. gazogenes*）和河弧菌（*V. fluvialis*）等。

氟苯尼考（florfenicol）又名氟甲砜霉素，是新一代氯霉素类抗菌药物，目前广泛地应用于水产动物细菌性疾病的防治领域。氟苯尼考的抗菌机制是通过抑制肽酰基转移酶的活性，阻断蛋白质合成过程中的肽链延伸阶段，进而干扰细菌蛋白质的合成，起到抗菌的作用。

【实验对象】

哈维氏弧菌。

【实验器材与药品】

器材：高压灭菌锅、天平、灭菌玻璃平皿、无菌吸管、灭菌滤纸片、镊子、酒精灯、95%乙醇、70%酒精棉、超净工作台等。

药品：蛋白胨、酵母浸出膏、磷酸铁、琼脂粉、氟苯尼考。

实验用水：过滤海水。

【实验方法】

1）2216E 培养基的配制：准确称取蛋白胨 5g，酵母浸出膏 1g，磷酸铁 0.01g，琼脂粉 18g，溶于 1L 过滤海水中（pH7.6～7.8），121℃高压灭菌 20min。

2）在超净工作台上，将灭菌的 2216E 培养基冷却至 50℃左右，在超净工作台上进行无菌操作，用无菌吸管吸取一定体积的菌液（每支平板 0.1～0.2ml）加入培养基中，迅速混匀。

3）将混有菌液的培养基倾注于灭菌玻璃平皿中，均匀转动平皿使混有菌液的培养基均匀分布，水平放置于超净工作台内，待凝。

4）将蘸有 75%乙醇的镊子通过酒精灯火焰，反复灼烧 3 次，降温后，取灭菌滤纸片，浸入氟苯尼考药液，轻贴于平板表面，注意保持各纸片之间的距离大致相等。

5）在 37℃条件下培养 24h 后，取出，观察滤纸片周围有无抑菌圈，用游标卡尺量取并记录抑菌圈的直径。

【注意事项】

1．所有操作须在无菌间内进行。

2．严格无菌操作规程，避免杂菌污染。

【实验结果】

根据抑菌圈直径大小判断哈维氏弧菌对氟苯尼考的敏感程度。

【讨论与思考】

1．影响滤纸片法测定药物体外抗菌作用的因素有哪些？

2．在渔业生产中，滤纸片法的应用有哪些？

（湛垚垚　毛俊霞）

实验十一　水温对药物作用的影响

【理论知识要点】

药物作用的效果除了受药物的理化性质、剂型、给药方式、给药时间及生物体本身的生理因素和病理状态等影响外，还受到环境因素的影响。水是水产动植物赖以生存的重要介质，与陆生恒温动物相对稳定的内环境不同，水产动物一般为变温动物，其内在环境受外界因素影响较大，因此，水体理化性质的改变不仅影响水产动植物的生殖、发育、生长等，还会对渔药的作用效果产生一定的影响。

水温是影响渔药药效的重要环境因素之一。一般情况下，渔药的药效与水温成正比，即药物的效应会随着温度的升高而增强，药物的作用速度也会随着水温的升高而不断加快。研究表明，水温每升高 10℃，药效可提升 1 倍左右，同时，药物的代谢速度也会增加。因此，在夏季用药时，一般要酌情适当减少渔药用量，而在冬季用药时则要酌情适当增加渔药用量，以达到防病、治病的目的。目前，渔药的基础用量一般是指水温 20℃时渔药的使用剂量。当然，也有少数渔药的药效与水温呈负相关，以及药效会随着水温的升高而逐渐降低，如氯氰菊酯药物等。此外，有些渔药（如硫酸铜、漂白粉等）的毒性也会随着水温的升高而明显增强，在制订用药方案时，也应给予考虑。

【实验目的】

1．观察不同温度条件下高锰酸钾对红耳彩龟幼龟的毒性作用。

2．计算不同温度条件下高锰酸钾对红耳彩龟幼龟的致死率。

【实验原理】

高锰酸钾（potassium permanganate），化学式为 $KMnO_4$，强氧化剂，紫红色晶体，可溶于水，遇乙醇即被还原，医疗上用作清洁消毒。在水产养殖中，高锰酸钾是常用的水体消毒剂，广泛用于控制和预防水产动物疾病的生产实践中。由于高锰酸钾本身是一种强氧化剂，具有强氧化性，其一方面可造成组织的氧化损伤，另一方面还原生成的二氧化锰与蛋白质结合形成的复合物还有刺激甚至腐蚀作用，因此，在养殖生产中，需了解其适当的用药浓度及正确的使用方法，制订合理的用药方案以获得理想的效果。

【实验对象】

红耳彩龟幼龟，健康活泼、无错甲、无断甲。

【实验器材与药品】

器材：10L 控温鱼缸。

药品：高锰酸钾粉末（分析纯）。

实验用水：经过曝气除氯的自来水，pH7.2±0.2，溶氧量＞6mg/L，水温 20～25℃。

【实验方法】

1）设置一个空白对照组和 5 个温度处理组。向控温水槽中通入实验用水，并调节各水槽的水温至实验所需温度，同时，向相应的实验组中加入高锰酸钾粉剂至终浓度为 200mg/L，各组水温及高锰酸钾浓度如表 3-12 所示。

表 3-12 各实验组的水温及高锰酸钾浓度

项目	对照组	处理组 1	处理组 2	处理组 3	处理组 4	处理组 5
水温/℃	20.0	15.0	17.5	20.0	22.5	25.0
高锰酸钾浓度/（mg/L）	—	300	300	300	300	300

2）向各组水槽中分别放入 10 只红耳彩龟幼龟，开始计时，每 3h 更换一次药液，观察并记录处理 24h 期间，红耳彩龟幼龟的活动状态及死亡情况。红耳彩龟幼龟死亡标准：头部、四肢及尾部下垂无力，对人工及外界刺激均无反应，将其捞起放入正常清水中 2～3min 无法恢复活力。

3）记录处理 24h 内各组红耳彩龟幼龟的死亡数。

【注意事项】

1. 高锰酸钾见光分解，药液需现用现配。
2. 实验时避免强光直射，防止药液失效。

【实验结果】

1. 观察并记录处理期间，各组红耳彩龟幼龟的活动状态变化情况。
2. 计算处理期间，各组红耳彩龟幼龟的死亡率。

【讨论与思考】

1. 比较不同温度条件下，红耳彩龟幼龟对高锰酸钾溶液的反应，并试分析原因。
2. 比较 24h 各组红耳彩龟幼龟的死亡率，分析原因。
3. 根据实验结果，试分析在红耳彩龟养殖中使用高锰酸钾的注意事项。

（湛垚垚）

实验十二 盐度对药物作用的影响

【理论知识要点】

盐度（salinity）表示每千克水中所含的溶解盐类的物质的量，是分析海洋、咸水湖等水域环境的常用指标，也是影响水产动物生存和生长的重要环境因子之一。一般来说，影响水域或水体盐度的主要因素有降水，蒸发，河流注入径流、洋流等，即降水越大，盐度越低；蒸发越大，盐度越高；注入海洋中的河水越多，海洋盐度越低；暖流的盐度大于同纬度寒流的盐度。由于溶解于水中的离子具有降低水分子活度的作用，因此在渔业生产中指定渔药使用方案时，应注意了解药物使用水域或水体的盐度情况，一般认为，药物的药效会随着盐度的升高而降低。

最低抑菌浓度（minimum inhibitory concentration，MIC）是测量抗菌药物抗菌活性大小的一个指标，是指在体外培养细菌 18～24h 后能抑制培养基内病原菌生长的最低药物浓度。测定抗菌药物最低抑菌浓度的方法主要有常量肉汤稀释法、琼脂稀释法和 E 试验等。

【实验目的】

1．观察不同盐度条件下，环丙沙星对副溶血弧菌的体外抗菌效果。

2．计算不同盐度条件下，环丙沙星对副溶血弧菌的最低抑菌浓度。

3．掌握二倍稀释法测定药物最低抑菌浓度的方法。

【实验原理】

环丙沙星（ciprofloxacin）（图 3-4），化学式为 $C_{17}H_{18}FN_3O_3$，为合成的第三代喹诺酮类抗菌药物，具广谱抗菌活性，杀菌效果好。与诺氟沙星和依诺沙星相比，环丙沙星对大肠杆菌、绿脓杆菌、流感嗜血杆菌、淋球菌、链球菌、军团菌、金黄色葡萄球菌等细菌的抗菌活性高 2～4 倍。目前，医学上已明确，二价阳离子可显著影响喹诺酮类药物在动物体内的吸收。水产相关研究显示，水中的 Ca^{2+}、Mg^{2+}等二价阳离子可与环丙沙星结合，从而降低该药物对水产动物病原菌的抑制效果。

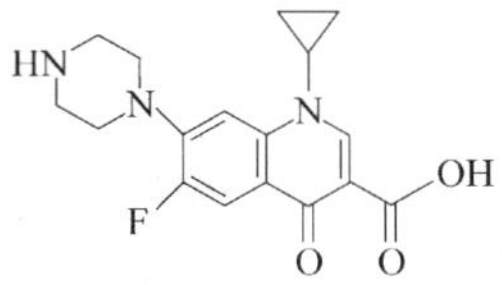

图 3-4 环丙沙星的分子结构式

【实验对象】

副溶血弧菌（*Vibrio parahaemolyticus*）。

【实验器材与药品】

器材：高压灭菌锅、天平、灭菌玻璃平皿、0.45μm 无菌滤膜、无菌吸管、灭菌试管、灭菌棉球、灭菌镊子、酒精灯、95%乙醇、70%酒精棉、超净工作台等。

药品：蛋白胨、酵母浸出膏、琼脂粉、海水晶、环丙沙星标准品（纯度≥95%）等。

【实验方法】

1）环丙沙星使用液的配制：准确称取环丙沙星粉末 0.5g，溶于 10ml 蒸馏水中，配制成浓度为 50μg/ml 的使用液，0.45μm 滤膜过滤除菌，于超净工作台上，室温条件下放置 2h，4℃保存备用（使用时效为 10 天）。

2）人工海水的配制：称取海水晶 30g，溶解于 1000ml 蒸馏水中，配制成盐度为 30‰ 的人工海水，备用。

3）生理盐水的配制：称取氯化钠 9g，溶入 1000ml 蒸馏水中，备用。

4）LB 海水培养基的配制：分别称取氯化钠 10g，酵母粉 5g，胰蛋白胨 10g，pH7.2～7.5，实验用水定容到 1000ml。固体培养基为液体培养基中加入 15g 琼脂粉。

按照上述方法，分别配制以蒸馏水、海水（或人工海水）和生理盐水为实验用水的 LB 培养基，121℃灭菌 20min 备用。

5）最低抑菌浓度的测定：采用试管二倍连续稀释法测定环丙沙星对副溶血弧菌的最低抑菌浓度。取 11 支灭菌试管并编号，1～10 号每支试管中分别加入 1ml 培养基和 0.1ml 细菌悬液。用灭菌吸管吸取 1ml 环丙沙星药液至 1 号管，吹吸混匀后取 1ml 至 2 号管，再从 2 号管中取 1ml 至 3 号管，依次类推，直至 9 号管，混匀后弃 1ml，10 号管不加药物，作为阳性对照，11 号管加 1ml 培养基和环丙沙星药液 1ml，混匀后取出 1ml 弃去，不加细菌，作为阴性对照，各管平行 3 份。然后置于 37℃恒温摇床中培养 24h 后观察其生长情况，若第 n 管为澄清，而第 $n+1$ 管为浑浊的话，则第 n 管的药液浓度即该菌的最低抑菌浓度。

6）按照步骤 5）方法分别进行操作，分别记录环丙沙星对不同培养基中培养的副溶血弧菌的最低抑菌浓度。

【注意事项】

1．配制好的环丙沙星使用液保存期短，建议现用现配，4℃保存。

2．副溶血弧菌能引起人类食源性疾病的重要病原菌，需谨慎操作和处理。

【实验结果】

详细记录实验观察到的现象，列表分析环丙沙星对不同培养基中培养的副溶血弧菌的最低抑菌浓度。

【讨论与思考】

1．结合实验结果，分析不同盐度条件下，药物对有害菌的体外抗菌效果差异的原因。

2．水产检测药物最低抑菌浓度的方法有哪些？不同方法的优缺点是什么？

（湛垚垚　李　骢）

实验十三　pH 对药物作用的影响

【理论知识要点】

酸碱度（pH）是检测水域环境的常见指标之一，是重要的水域环境限制因子。由于大多数药物本身就具有一定的酸性或碱性，因此，在水产养殖用药时，水体 pH 的不同将直接影响药物的溶解度、离解度和分子结构，进而增强或者降低药物的作用效果。例如，硫酸铜在酸性水体中可保持较多的自由态铜离子，具有较好的消毒效果，而漂白粉在 pH<6.5 的酸性环境中，每立方米水体仅用 1g 便能达到较好的杀菌效果，而当水域环境的 pH>8.0 时，每立方米水体要使用 4g 漂白粉才能达到较好的杀菌效果。一般情况下，在水产养殖过程中施用渔药的原则是，酸性药物宜在上午 9～10 时施用，碱性药物宜在下午 3～4 时施用。

【实验目的】

1. 观察敌百虫在不同酸碱条件下对鲫鱼的毒性作用。
2. 熟悉 pH 对药物作用的影响。

【实验原理】

敌百虫（trichlorfon），学名 *O,O*-二甲基-2,2,2-三氯-1-羟基乙基磷酸酯，工业产品为白色固体，纯品熔点为 83～84℃，能溶于水和有机溶剂，性质较稳定。敌百虫属于有机磷农药磷酸酯类型的一种。磷酸分子中羟基被有机基团置换形成磷碳键的化合物成为磷酸，磷酸被酯化即磷酸酯，因其高效、低毒、低残留性而被广泛用于种植业、养殖业及加工业中。敌百虫具有胃毒作用，能抑制害虫神经系统中胆碱酯酶的活动而致死，杀虫谱广，通常以原药溶于水中施用，也可制成粉剂、乳油、毒饵使用。在鱼类养殖中，敌百虫对鱼体内外寄生的吸虫、线虫、棘头虫及危害鱼苗、鱼卵的枝角类、桡角类、蚌钩介幼虫和水蜈蚣等均有良好的杀灭作用。值得注意的是，少数鱼类，如鳜、鲈、浅水鲳等对敌百虫较为敏感，使用正常剂量仍能引起死亡，因此，对这些鱼类虫病的预防应避免使用敌百虫。

敌百虫的药效受水域或水体 pH 的影响较大（图 3-5），在酸性条件下，敌百虫水解生成甲基敌百虫，在中性或碱性条件下脱去氯化氢转化成敌敌畏（dichlorvos，DDVP），敌敌畏的脂溶性较强，可以快速通过皮肤吸收，其毒性较敌百虫高 10～15 倍，会导致水产养殖动物出现中毒甚至死亡现象，影响生产。近年来，随着水产养殖业的发展，敌百虫等有机磷酯类杀虫剂的需求量不断增加。因此，明确水域环境 pH 与敌百虫毒性之间

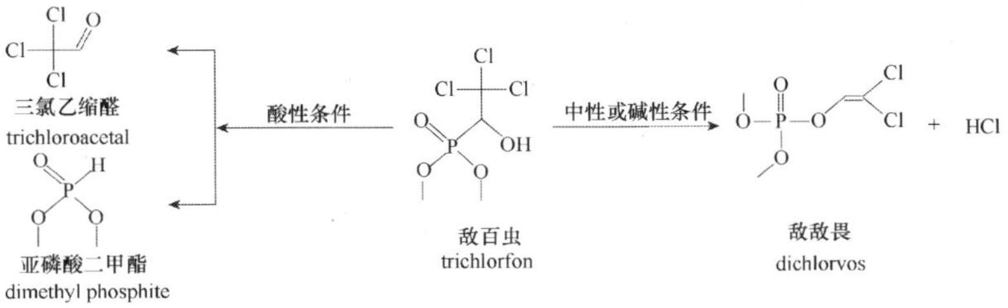

图 3-5　不同 pH 条件下敌百虫的转化过程

的关系，对生产中制订合理安全的用药方案具有重要的指导意义。

【实验对象】

鲤鱼鱼苗，体长22～25mm，体重15～20g，规格一致，健康、活力好。

【实验器材与药品】

器材：10L水族缸、酸度计、电子天平等。

药品：敌百虫晶体（有效成分≥90%）、氢氧化钠、浓盐酸。

实验用水：经过曝气除氯的自来水，pH7.0～7.5，溶氧量>6mg/L，水温20～25℃。

【实验方法】

1）50%氢氧化钠的配制：准确称取25g氢氧化钠，加入适量蒸馏水（40ml以内）溶解，冷却至室温，然后转入50ml容量瓶中，使用少量水润洗烧杯，洗液也转入容量瓶中，然后定容至50ml。

2）设置5个pH梯度，pH分别为6.0、7.0、8.0、9.0、10.0。取5个10L水族缸，先注入5L曝气24h以上的终浓度为50mg/L敌百虫的实验用水，然后分别用50%氢氧化钠或浓盐酸调节各组水体pH至预期值。

3）每组投入10尾鱼苗，开始计时。观察并记录各组鱼苗的生理反应及活动状态，记录各组鱼苗的死亡情况。

4）处理12h后，以pH为横坐标，死亡率为纵坐标，绘制敌百虫对鲤鱼鱼苗的pH-死亡率曲线。

【注意事项】

1．敌百虫为有机磷农药，可抑制胆碱酯酶的活性，具有神经毒性，操作时应小心、注意防护，避免中毒。

2．氢氧化钠具有腐蚀性，操作时应注意防护。

3．浓盐酸具有挥发性和腐蚀性，对黏膜和皮肤具有刺激和腐蚀作用，操作时应在通风橱中进行并注意防护。

【实验结果】

1．记录并比较不同pH条件下鱼苗的生理反应及活动状态。

2．绘制敌百虫对鲤鱼鱼苗的pH-死亡率曲线。

【讨论与思考】

1．比较各实验组鱼苗的生理反应、活动状态和死亡率，结合pH-死亡率曲线，试分析实验现象产生的原因。

2．结合实验结果，试分析哪些水产养殖动物不适合使用敌百虫作为杀虫剂，为什么？

（湛垚垚）

实验十四 两种常见消毒剂对海参幼参的急性毒性实验

【理论知识要点】

水产消毒剂是消除或杀灭外环境中的病原微生物及其他有害微生物的药物。根据化学性质的不同，其可分为醛类消毒剂、醇类消毒剂、碱类消毒剂、酸类消毒剂、卤素类消毒剂、氧化剂类消毒剂、重金属盐类消毒剂、表面活性剂、染料类消毒剂等九大类。在水产养殖生产中，消毒剂主要用于患病个体体表、器械、养殖环境等的消毒，具有杀灭或消除病原菌，控制有害菌、有害藻类和病毒，维持水体微生物环境生态平衡等作用。然而，水产消毒剂在发挥作用的同时，也具有一定的副作用，因此，在使用水产消毒剂之前，需要了解和掌握其对水产养殖动物的副作用，以防止由使用不当造成的养殖对象中毒甚至死亡的现象。

【实验目的】

1．观察常见消毒剂对海参幼参的毒性作用。

2．掌握计算药物 LC_{50} 的方法。

3．比较常见消毒剂对海参幼参的 LC_{50}。

【实验原理】

福尔马林和次氯酸钠是水产养殖中常见的两种消毒剂。其中，福尔马林是体积分数为40%左右的甲醛（formaldehyde）水溶液，具有挥发性，在气体或液体状态下均具有很强的杀菌力，对真菌、芽孢和病毒具有杀灭作用，还可杀灭寄生虫、藻类等。福尔马林既可以作为杀菌消毒剂，又可以作为杀虫剂，水产养殖生产中一般以 10～30g/m^3 水体终浓度全池泼洒进行鱼类病害的防治，以 15～20g/m^3 水体终浓度全池泼洒进行虾蟹贝病害的防治。

次氯酸钠（sodium hypochlorite），化学式为 NaClO，俗称漂白水，具有较强的杀菌效果，对生物不具有严格的选择性，属广谱性化学消毒剂。了解和掌握常用消毒剂对水产动物的急性毒性，以及水产动物对不同消毒剂的生理反应，可为水产养殖中科学合理地制订用药方案提供一定的参考依据。

【实验对象】

刺参幼参，体长 1.0～1.4cm，健康、处于饥饿状态。

【实验器材与药品】

器材：1L 玻璃烧杯。

药品：福尔马林溶液、次氯酸钠溶液。

实验用水：过滤除海水，pH8.0～8.3，盐度 30～32，溶氧量＞6mg/L，水温 18～20℃。

【实验方法】

1）取体积为 1L 的干净的玻璃烧杯，分成 9 组，每组一个重复，按照表 3-13，分别注入实验用过滤除海水及相应体积的消毒剂。

2）针对福尔马林和次氯酸钠两种消毒剂，分别设置一个空白对照组和 10 个处理组。向控温水槽中通入实验用水，并调节各水槽中药物终浓度，各组福尔马林和次氯酸钠浓度如表 3-13 所示。

表 3-13 各组福尔马林和次氯酸钠浓度（%）

烧杯号	福尔马林（$\times10^{-6}$）	次氯酸钠（$\times10^{-6}$）	烧杯号	福尔马林（$\times10^{-6}$）	次氯酸钠（$\times10^{-6}$）
0（对照）	—	—	6	—	3.30
1	1.00	—	7	—	5.40
2	2.51	—	8	—	8.90
3	3.98	—	9	—	14.6
4	6.31	—	10	—	24.00
5	10.00	—			

3）每个烧杯放养 8 头幼参，开始计时，观察并记录幼参的表现和死亡情况。幼参的死亡标准：以沉入杯底，对轻微刺激无反应为准。

4）静水法培养 24h 后，分别计算两种消毒剂对每组幼参 24h 的 LC_{50}。

【注意事项】

1．福尔马林溶液具有挥发性，可刺激鼻腔和皮肤黏膜，取用时应注意防护。

2．次氯酸钠具有腐蚀性，可灼伤皮肤，并导致过敏，取用时应注意防护。

【实验结果】

1．观察并记录两种消毒剂不同浓度下幼参的表现和死亡情况。

2．计算两种消毒剂对幼参 24h 的 LC_{50}。

【讨论与思考】

1．试比较刺参幼参对两种消毒剂的生理反应的异同，并分析其产生的原因。

2．试比较两种消毒剂对刺参幼参毒性的大小，并分析二者在海参养殖中的应用意义。

（湛垚垚）

实验十五　聚维酮碘对不同水产动物的急性毒性

【理论知识要点】

水产消毒剂的作用效果常受到许多因素的影响，如药物浓度，作用时间，药物的溶媒，使用环境的理化、生物因子的变化，微生物的敏感性等。例如，含氯消毒剂易受水体 pH 和有机物含量的影响，对鱼类的毒性较大；季铵盐类消毒剂在酸性条件下杀菌效果较差且受水体中钙离子、镁离子浓度的影响较大；含碘消毒剂易蒸发、作用时间短，且作用效果易受光线和水温的影响。此外，相同类型的消毒剂对不同水产动物的毒性存在种属特异性。我国水产养殖种类繁多，养殖环境也各有不同，因此，在实际生产中，应综合考虑水产养殖对象的种类、不同发育阶段、季节、养殖环境等多方面因素，应合理而有针对性地选择适当的消毒类药物。

【实验目的】

1．观察不同水产动物对聚维酮碘的生理响应。

2．掌握聚维酮碘对不同水产动物的 LC_{50} 和 SC 的计算方法。

3．比较聚维酮碘对不同水产动物的 LC_{50} 和 SC。

【实验原理】

聚维酮碘（povidone iodine，PVP-I）（图 3-6），是 1-乙烯基-2-吡咯烷酮均聚物（PVP）与碘（I）的复合物，是一种高效、低毒的广谱性消毒剂，目前已广泛应用于临床医疗、畜牧水产等领域。聚维酮碘通过释放氧化性较强的游离碘，阻碍细菌等微生物的新陈代谢，从而达到杀灭细菌和病毒的作用。在一定浓度范围内，聚维酮碘的浓度与杀菌力成反比，影响聚维酮碘药效作用的因素包括温度、pH 等。

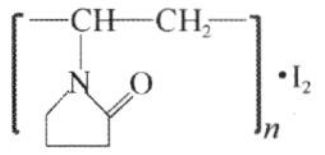

图 3-6　聚维酮碘的分子结构式

【实验对象】

鲫鱼鱼苗：规格均一、健康、无伤病，平均体重 30g 左右。

南美白对虾虾苗：规格均一、健康、无伤病，平均体长 1cm 左右。

【实验器材与药品】

器材：控温水族缸、天平、温度计、酸度计、玻璃棒等。

药品：聚维酮碘（有效碘含量 9%～12%）、海水晶。

实验用水：蒸馏水；经过曝气除氯的自来水，pH7.3±0.2，溶氧量＞6mg/L，水温 20～25℃。

【实验方法】

1）实验用标准水的配制：向控温水族缸内注入实验用水，控制实验水温在 20℃，根据水体体积，准确称取一定量的海水晶，配制成盐度 5‰的实验用标准水。

2）聚维酮碘母液的配制：准确称取 25.00g 聚维酮碘溶于 25.00L 蒸馏水中制成终浓度为 1g/L 的母液。

3）按照表 3-14 所示，设置 12 个实验组，其中实验组 1 和实验组 7 分别为对照组，其余各组为不同聚维酮碘浓度的实验组。

表 3-14 各实验组聚维酮碘浓度配制表

组别	母液体积/L	标准水体积/L	药物终浓度/（mg/L）	实验动物	数量/尾
1 组（对照）	—	50.00	0.00	鲫鱼鱼苗	10
2 组	3.50	46.50	70.00	鲫鱼鱼苗	10
3 组	3.60	46.40	72.00	鲫鱼鱼苗	10
4 组	3.70	46.30	74.00	鲫鱼鱼苗	10
5 组	3.80	46.20	76.00	鲫鱼鱼苗	10
6 组	3.90	46.10	78.00	鲫鱼鱼苗	10
7 组（对照）	—	10.00	0.00	对虾虾苗	20
8 组	0.32	9.68	32.00	对虾虾苗	20
9 组	0.57	9.43	57.00	对虾虾苗	20
10 组	1.01	8.99	101.00	对虾虾苗	20
11 组	1.80	8.20	180.00	对虾虾苗	20
12 组	3.20	6.80	320.00	对虾虾苗	20

4）观察并记录各实验组内实验动物的生理反应、运动状况及死亡数量。

鱼苗的死亡标准：鱼腹部向上，鳃盖停止运动，用玻璃棒轻轻刺激尾柄部位，5min 内无反应。

虾苗的死亡标准：虾苗俯卧或侧卧于缸底，游动足不再弹跳或丧失游泳能力，用玻璃棒反复触碰虾体，无任何反应。

5）每 12h 更换一次药液，处理 48h 后，计算各组死亡率。以聚维酮碘浓度为横坐标，死亡率为纵坐标，利用直线内估法分别计算聚维酮碘对鲫鱼鱼苗和南美白对虾虾苗的 LC_{50}。

6）在获得聚维酮碘对鲫鱼鱼苗和南美白对虾虾苗的 48h LC_{50} 基础上，分别计算聚维酮碘对鲫鱼鱼苗和南美白对虾虾苗的 SC。

$$SC（mg/L）=48h\ LC_{50}\times 0.1$$

【注意事项】

1. 聚维酮碘应避光保存，避免与还原性物质接触。
2. 聚维酮碘溶液的稳定性与浓度成正比，使用时需现用现配。

【实验结果】

1. 观察并记录不同浓度聚维酮碘溶液处理下，实验动物的生理反应、运动状况，并计算各组实验动物的死亡率。
2. 利用直线内估法分别计算聚维酮碘对鲫鱼鱼苗和南美白对虾虾苗的 LC_{50}。
3. 计算聚维酮碘对鲫鱼鱼苗和南美白对虾虾苗的 SC。

【讨论与思考】

1. 为何实验中需要配制实验用标准水并控制水温恒定？

2. 比较聚维酮碘对鲫鱼鱼苗和南美白对虾虾苗的急性毒性作用，试分析原因。

3. 结合实验结果，思考在多种水产动物混养的池塘里如何制订合理有效的聚维酮碘用药方案。

（湛垚垚）

实验十六　不同给药方式对氧氟沙星在鲫鱼体内生物利用度的影响

【理论知识要点】

生物利用度（bioavailability，F）是用药代动力学原理来研究和评价药物进入血液循环的速度与程度，是评价药物吸收程度的主要参数之一，也是评价药物质量的重要标准。药物的生物利用度计算公式如下。

$$F=（A/D）\times 100\%$$

式中，A 为体内药物总量；D 为用药剂量。

生物利用度有绝对和相对两种概念。绝对生物利用度是指该药物静脉注射时 100%被利用，该药物的其他剂型与其剂量相等时被机体吸收利用的百分率；相对生物利用度则是以某种任意指定的剂型（如口服水制剂）为 100%被利用，然后测定该药物其他剂型在相同条件下的利用百分率。因此，生物利用度是衡量一些制剂不同剂型疗效的一个重要指标。

影响生物利用度的因素有很多，主要包括剂型因素和生理因素。剂型因素包括药物的脂溶性、水溶性、等电点、剂型特性（如崩解时限、溶出速率）及制作工艺条件的差别等。生理因素包括胃肠道内液体的作用、药物在胃肠道内的转运情况、吸收部位的表面积与局部血流、药物代谢的影响、肠道菌株及某些影响药物吸收的疾病等。

氧氟沙星为第 3 代喹诺酮类抗菌药，在实际应用中具有广谱、高效、低毒等优点。因此，氧氟沙星已经成为水产养殖中治疗细菌感染性疾病重要的抗菌药物之一，被广泛地应用于鱼类等水产养殖动物全身性细菌感染的预防和治疗。

【实验目的】

1. 掌握分光光度法测定血液中氧氟沙星的含量。
2. 掌握计算药物生物利用度的方法。
3. 比较不同给药方式对氧氟沙星在鲫鱼体内的生物利用度的影响。

【实验原理】

氧氟沙星（ofloxacin），化学名称为（±）-9-氟-2,3-二氢-3-甲基-1-*O*-（4-甲基-1-哌嗪基）-7-氧代-7*H*-吡啶并［1,2,3-de］-1,4-苯并噁嗪-6-羧酸，化学式为 $C_{18}H_{20}FN_3O_4$，为微黄色结晶，无臭、味苦，见光慢慢变色，易溶于冰醋酸，难溶于氯仿、水、乙醇、甲醇和丙酮，不溶于乙酸乙酯。氧氟沙星（图 3-7）为第 3 代喹诺酮类抗菌药，能抑制细菌的 DNA 促旋酶的活性，进而抑制细菌 DNA 的复制而达到抑菌作用。对革兰氏阳性菌、革兰氏阴性菌、支原体和衣原体均有良好的抗菌作用。氧氟沙星具有广谱抗菌、高效杀菌、低毒副作用等特点。

氧氟沙星的测定方法主要有酶联免疫吸附测定法、高效液相色谱法、电化学分析法、流动注射化学发光分析法、毛细管电泳分析法、荧光光谱分析法、散射光谱分析法和铁络合光度法等。本实验采用铁络合光度法来测定氧氟沙星的含量，其原理是：喹诺酮类药物分子具有大的共轭体系，且含有相邻的羧基和酮基，易与金属离子形成络合物。氧氟沙星可与 Fe^{3+}反应生成橙黄色络合物，该络合物在 436nm 处有最大吸收峰，当氧氟沙星的浓度为 2.24～192mg/ml 时，药物浓度与吸光度值呈现良好的线性关系。

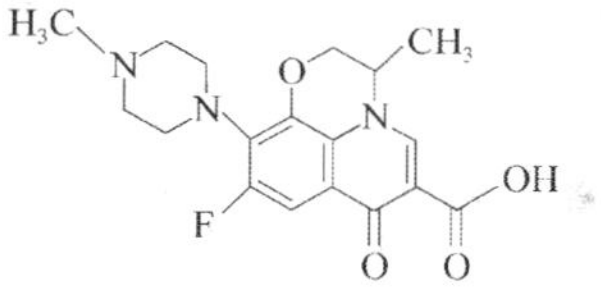

图 3-7　氧氟沙星的分子结构式

【实验对象】

鲫鱼，规格均匀、健康、初始体长和质量一致。

【实验器材与药品】

器材：水族缸、可见分光光度计、恒温水浴锅、低温冷冻离心机、冰箱、灭菌锅、分析天平、匀浆器、试管、烧杯、离心管、移液器、剪刀、镊子、注射器、pH 试纸等。

药品：氧氟沙星、0.025mol/L 硫酸铁铵溶液、0.18mol/L 硫酸溶液、40mg/ml 氧氟沙星标准溶液等。

实验用水：经过曝气除氯的自来水，水温（26.0±1.0）℃，pH6.8～7.0，溶氧量≥6.0mg/L，亚硝酸盐≤0.2mg/L，氨氮≤0.2mg/L。

【实验方法】

1．实验饵料的配制

具体配方见表 3-15。

表 3-15　基础饲料营养成分配方

组分名称	日粮组成/%	营养成分	营养水平/%	组分名称	日粮组成/%	营养成分	营养水平/%
次粉	23.0	粗蛋白质	31.26	鱼油	2.0	蛋氨酸	0.80
麸皮	9.5	粗脂肪	4.00	磷酸二氢钙	2.0	精氨酸	2.00
米糠	7.0	磷	1.26	氯化胆碱	0.5		
菜籽粕	17.0	钙	1.01	维生素添加剂	1.0		
豆粕	19.5	粗纤维	5.22	矿物质添加剂	1.0		
鱼粉	8.0	粗灰分	4.78	沸石粉	1.5		
棉粕	8.0	赖氨酸	1.60				

2．实验动物饲养及管理

实验用鱼在实验室条件下饲养两周，禁食 24h 后，挑选规格均匀、健康、初始体长和质量一致的鲫鱼作为实验对象。实验开始时将实验用鱼随机分成 4 组，1 组对照，3 组实验组，分别为：对照组、静脉注射组、口灌给药组、混饲口灌给药组。每组设 3 个重复，每个重复 10 尾，每尾鱼均在背鳍挂牌标记编号。

采用相同的水族缸饲养。实验用水为经过曝气除氯的自来水，水温（26.0±1.0）℃，pH6.8～7.0，溶氧量≥6.0mg/L，亚硝酸盐≤0.2mg/L，氨氮≤0.2mg/L，每晚吸底排污一次，每天换水 1/3。每日 8 时和 17 时各投喂一次，每次投饵量为鱼体质量的 3%～4%。

3．静脉注射给药及血样采集

先用少量乙酸溶解氧氟沙星，随后加入灭菌生理盐水，配制成浓度为 5mg/ml 的氧氟沙星溶液。注射前，进行少量抽血从而判定针头是否插入尾静脉，随后按 10mg/kg 的剂量进行尾静脉注射。注射后，选取 5 尾鱼按照以下时间点进行连续抽血，注射后的 0.5h、2h、8h、12h、24h、36h、48h、72h、96h、120h、144h，每次抽血均用注射器从尾静脉抽取 1ml。每个时间点取血完成后，均要再把鱼放回水族缸继续饲养。所取血液收集在用 1%肝素钠浸润过的 1.5ml 离心管中，随后 6000r/min 室温离心 5～10min，弃沉淀，转移上层血浆于新的 1.5ml 离心管中，贮存于−20℃冰箱中备用。同样方法取对照组鱼血样品作对照。

4．口灌给药及血样采集

将上述氧氟沙星溶液按照 10mg/kg 的剂量用塑料软管插入实验用鱼前肠，进行口灌给药，灌药后观察 5～10min，将回吐药饵者弃去，无回吐者保留继续进行实验。给药后，选取 5 尾鱼按照以下时间点进行连续抽血，注射后的 0.5h、2h、8h、12h、24h、36h、48h、72h、96h、120h、144h，每次抽血均用注射器从尾静脉抽取 1ml。每个时间点取血完成后，均要再把鱼放回水族缸继续饲养。所取血液收集在用 1%肝素钠浸润过的 1.5ml 离心管中，随后 6000r/min 室温离心 5～10min，弃沉淀，转移上层血浆于新的 1.5ml 离心管中，贮存于−20℃冰箱中备用。

5．混饲口灌给药及血样采集

把鲫鱼饲料加适量水煮成流体乳浊状备用，称取氧氟沙星原粉 250mg，置于 50ml 烧杯中，并加入少量乙酸溶解氧氟沙星，随后加入乳浊状的鲫鱼饲料并搅拌均匀，加水定容至 50ml。按照 10mg/kg 的剂量用塑料软管插入实验用鱼前肠，进行混饲口灌给药，灌药后观察 5～10min，将回吐药饵者弃去，无回吐者保留继续进行实验。给药后，选取 5 尾鱼按照以下时间点进行连续抽血，注射后的 0.5h、2h、8h、12h、24h、36h、48h、72h、96h、120h、144h，每次抽血均用注射器从尾静脉抽取 1ml。每个时间点取血完成后，均要再把鱼放回水族缸继续饲养。所取血液收集在用 1%肝素钠浸润过的 1.5ml 离心管中，随后 6000r/min 室温离心 5～10min，弃沉淀，转移上层血浆于新的 1.5ml 离心管中，贮存于−20℃冰箱中备用。

6．标准曲线的制备

1）取 8 支洁净的试管，编号，按照下面步骤（表 3-16）操作，向相应试管内依次加入溶液，并充分混匀。

表 3-16　氧氟沙星标准曲线测定操作表

编号	1	2	3	4	5	6	7	8
0.025mol/L 硫酸铁铵溶液/ml	3.5	3.5	3.5	3.5	3.5	3.5	3.5	3.5
0.18mol/L 硫酸溶液/ml	1.0	1.0	1.0	1.0	1.0	1.0	1.0	1.0
氧氟沙星标准溶液/ml	0	0.4	0.8	1.2	1.6	2.0	2.4	2.8
蒸馏水/ml	2.8	2.4	2.0	1.6	1.2	0.8	0.4	0
混匀后，室温静置 10min								

2）以第 1 支试管中溶液调零比色，用分光光度计检测每组样品 436nm 波长处的吸光度值。读取并记录各管吸光度值。以氧氟沙星含量为横坐标，吸光度值为纵坐标，绘制标准曲线。

7. 样品中氧氟沙星含量测定

取若干洁净试管，做好标记。每支试管均加入 3.5ml 0.025mol/L 硫酸铁铵溶液和 1.0ml 0.18mol/L 硫酸溶液，随后加入适量待测样品，充分混匀后，室温静置 10min。取适量反应液于比色皿中，用分光光度计检测每支试管中溶液在 436nm 波长处的吸光度值，并从标准曲线上查出样品中氧氟沙星含量。

8. 药-时曲线的绘制

以取样时间为横坐标，以所测各个时间点氧氟沙星含量为纵坐标，分别绘制不同给药方式下的平均药-时曲线。

9. 计算

计算不同给药方式下的平均药-时曲线下面积，并计算不同给药方式的生物利用度。

【注意事项】

1. 每条实验用鱼均要做好标记，确保在不同时间点采血的是同一条实验用鱼。
2. 氧氟沙星与 Fe^{3+}生成络合物应尽快测吸光度值，若样品过多可分组进行实验。

【实验结果】

详细记录实验观察到的现象和数据，分析不同给药方式下，生物利用度的不同。

【讨论与思考】

1. 比较不同给药方式对氧氟沙星在鲫鱼体内生物利用度的影响。
2. 影响生物利用度的因素有哪些?

（孙志惠）

实验十七　诺氟沙星在不同水产动物体内的分布情况

【理论知识要点】

喹诺酮类（quinolones），又称吡酮酸类或吡啶酮酸类，是人工合成的含 4-喹诺酮基本结构的抗菌药。喹诺酮类抗菌药能抑制细菌 DNA 促旋酶的活性，进而抑制细菌 DNA 的复制而起到抑菌作用。诺氟沙星（norfloxacin，NFLX）是吡酮酸衍生物（pyridonecarboxylic acid，PCA），为第三代喹诺酮类抗菌药的代表之一，具有抗菌谱广、抗菌力强、无交叉耐药性等特点，因此诺氟沙星被广泛应用于人类及动物细菌性疾病的防治中。近年来，诺氟沙星在水产动物细菌性疾病防治中的应用越来越广泛。

目前，诺氟沙星的测定方法主要有高效液相色谱法、酶联免疫吸附测定法、液相色谱-质谱分析法和铁络合光度法等。

【实验目的】

1．掌握分光光度法测定诺氟沙星的含量。

2．比较喹诺酮类药物在不同水产动物体内的分布规律。

【实验原理】

诺氟沙星（图 3-8）具有大的共轭体系，含有相邻的羧基和酮基，易与金属离子形成络合物。诺氟沙星可与 Fe^{3+}反应生成橙黄色络合物，该络合物在 436nm 处有最大吸收峰。当诺氟沙星的浓度为 10～248mg/ml 时，药物浓度与吸光度值呈现良好的线性关系。

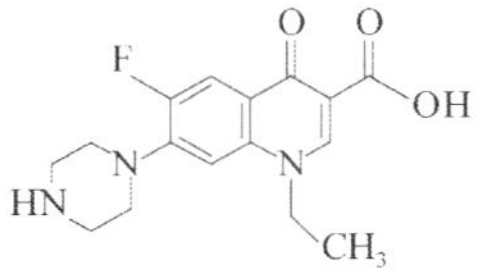

图 3-8　诺氟沙星的分子结构式

【实验对象】

鲫鱼和鲤鱼，规格均匀、健康、初始体长和质量一致。

【实验器材与药品】

器材：水族缸、可见分光光度计、恒温水浴锅、低温冷冻离心机、冰箱、灭菌锅、分析天平、匀浆器、试管、烧杯、离心管、移液器、剪刀、镊子、注射器、pH 试纸、玻璃烧杯等。

药品：诺氟沙星、0.025mol/L 硫酸铁铵溶液、0.18mol/L 硫酸溶液、40mg/ml 诺氟沙星标准溶液等。

实验用水：经过曝气除氯的自来水，水温（26.0±1.0）℃，pH7.0～7.5，溶氧量≥6.0mg/L，亚硝酸盐≤0.2mg/L，氨氮≤0.2mg/L。

【实验方法】

1．实验饵料的配制

基础饲料营养成分如表 3-17 所示。饲料原料经粉碎后过 40 目筛，按配方准确称取。各组分充分混匀后制成颗粒饲料，随后在 55℃条件下烘干，自然冷却后放入密封袋，置于-20℃冰箱中保存备用。

表 3-17 基础饲料营养成分

组分名称	日粮组成/%	营养成分	营养水平/%
次粉	23.0	粗蛋白质	31.26
麸皮	9.5	粗脂肪	4.00
米糠	7.0	磷	1.26
菜籽粕	17.0	钙	1.01
豆粕	19.5	粗纤维	5.22
鱼粉	8.0	粗灰分	4.78
棉粕	8.0	赖氨酸	1.60
鱼油	2.0	蛋氨酸	0.80
磷酸二氢钙	2.0	精氨酸	2.00
氯化胆碱	0.5		
维生素添加剂	1.0		
矿物质添加剂	1.0		
沸石粉	1.5		

2．实验动物饲养及管理

实验用鱼在实验室条件下饲养两周，禁食 24h 后，挑选规格均匀、健康、初始体长和质量一致的鲫鱼和鲤鱼作为实验对象。实验开始时将实验用鱼随机分成 4 组，分别是鲫鱼对照组、鲫鱼实验组、鲤鱼对照组、鲤鱼实验组。每组设 3 个重复，每个重复 10 尾。

采用相同的水族缸饲养。实验用水为经过曝气除氯的自来水，水温（26.0±1.0）℃，pH7.0～7.5，溶氧量≥6.0mg/L，亚硝酸盐≤0.2mg/L，氨氮≤0.2mg/L，每晚吸底排污一次，每天换水 1/3。每日 8 时和 17 时各投喂一次，每次投饵量为鱼体质量的 3%～4%。

3．混饲口灌给药

分别把鲫鱼饲料和鲤鱼饲料加适量水煮成流体乳浊状备用，称取诺氟沙星原粉 250mg，置于 50ml 烧杯中，并加入少量乙酸溶解诺氟沙星，随后分别加入乳浊状的鲫鱼和鲤鱼饲料并搅拌均匀，加水定容至 50ml。按照 10mg/kg 的剂量用塑料软管插入实验用鱼前肠，进行混饲口灌给药，灌药后观察 5～10min，将回吐药饵者弃去，无回吐者保留继续进行实验。

4．血清制备

从每个水族缸中随机抽取 5 尾实验用鱼，麻醉后置于解剖盘上，用注射器从鱼的尾静脉采血，收集在 1.5ml 离心管中，加肝素钠抗凝。室温放置半小时后，转入 4℃冰箱静置 2～4h，随后 3000r/min 室温离心 5～10min，转移上层血清于新的 1.5ml 离心管中备用。

5．肝、肾和肌肉匀浆液制备

将静脉采血后的实验用鱼迅速解剖，每条实验用鱼分别取出等量的肝、肾和肌肉组织，用生理盐水浸洗一次，立即放入匀浆器中，加适量预冷磷酸盐缓冲液（67mmol/L，pH7.4）在冰上进行匀浆。充分碾磨后，将组织匀浆液转移到 1.5ml 离心管中，12 000r/min、4℃离心 15min，随后转移上清于新的 1.5ml 离心管中备用。

6．标准曲线的制备

取 8 支洁净的试管，编号，按照下面步骤（表 3-18）操作，向相应试管内依次加入溶液，并充分混匀。

表 3-18　诺氟沙星标准曲线测定操作表

编号	1	2	3	4	5	6	7	8
0.025mol/L 硫酸铁铵溶液/ml	3.5	3.5	3.5	3.5	3.5	3.5	3.5	3.5
0.18mol/L 硫酸溶液/ml	1.0	1.0	1.0	1.0	1.0	1.0	1.0	1.0
诺氟沙星标准溶液/ml	0	0.4	0.8	1.2	1.6	2.0	2.4	2.8
蒸馏水/ml	2.8	2.4	2.0	1.6	1.2	0.8	0.4	0
混匀后，室温静置 10min								

以第 1 支试管中溶液调零比色，用分光光度计检测每组样品 436nm 波长处的吸光度值。读取并记录各管吸光度值。以诺氟沙星含量为横坐标，吸光度值为纵坐标，绘制标准曲线。

7．样品中诺氟沙星含量测定

取若干洁净试管，做好标记。每支试管均加入 3.5ml 0.025mol/L 硫酸铁铵溶液和 1.0ml 0.18mol/L 硫酸溶液，随后在不同的试管中分别加入适量待测样品（血清、肝匀浆液、肾匀浆液、肌肉匀浆液），充分混匀后，室温静置 10min。随后取适量反应液于比色皿中，用分光光度计检测每支试管中溶液在 436nm 波长处的吸光度值，并从标准曲线上查出样品中诺氟沙星含量。

8．计算

1）绘制标准曲线并计算鲫鱼和鲤鱼不同组织中诺氟沙星的含量。

2）比较诺氟沙星在不同水产动物体内组织分布的异同。

【注意事项】

1．实验用鱼麻醉后，先抽血，再解剖取组织样。

2．取出组织后，用生理盐水洗去吸附粘连的血液，并在冰上研磨组织。

【讨论与思考】

测定诺氟沙星含量都有哪几种方式？试比较几种不同测定诺氟沙星含量方法的优缺点。

（孙志惠）

实验十八　浸泡条件下孔雀石绿在鲫鱼组织的分布规律

【理论知识要点】

孔雀石绿（malachite green，MG），化学式为 $C_{23}H_{25}C_1N_2$，是一种带有金属光泽的绿色结晶体，属三苯甲烷类染料，又名碱性绿、严基块绿、孔雀绿，既是工业性染料，又是一种杀真菌剂。自 20 世纪 30 年代以来，许多国家曾经采用孔雀石绿杀灭鱼类体内外寄生虫和鱼卵中的霉菌，对鱼类水霉病、原虫病等的控制非常有效，而且操作方便，价格低廉。经研究证实，孔雀石绿是一种高毒素物质，其化学官能团三苯甲烷是一种致癌物质，并高残留，能在鱼体内长时间残留，通过食物链对哺乳动物和人类产生致畸、致癌、致突变（“三致”）等作用，同时含孔雀石绿的养殖废水排放会污染水环境。2002 年，我国农业部将孔雀石绿列入《食用动物禁用的兽药及其化合物清单》中，然而，由于孔雀石绿价格低廉，在鱼类长途运输过程中具有较好的抗菌保鲜效果，因此，在市场上抽查的鲜活水产中依然能够在个别种类中检出孔雀石绿及其代谢物的存在。目前，用于检测孔雀石绿及其代谢物的方法主要有紫外分光光度法、高效液相色谱法、高效液相色谱-质谱联用法、共振瑞利散射法等。了解孔雀石绿在水产动物体内的药代动力学，可为加强该药物的管理和监督非法使用提供一定的参考依据。

【实验目的】

1．掌握浸泡条件下孔雀石绿在鲫鱼组织的分布及消除规律。

2．掌握紫外分光光度法测定孔雀石绿含量的方法。

【实验原理】

孔雀石绿（图 3-9）可溶于乙腈溶液，在酸性条件下，呈现绿色，在 617～619nm 处有最大吸收峰，当孔雀石绿的浓度为 0.5～5.0mg/L 时，孔雀石绿的含量与吸光度值成正比，可通过标准曲线法计算样品中的孔雀石绿含量。紫外分光光度法测定孔雀石绿含量简便快速，准确度较高，成本较低，具有广泛的应用价值。

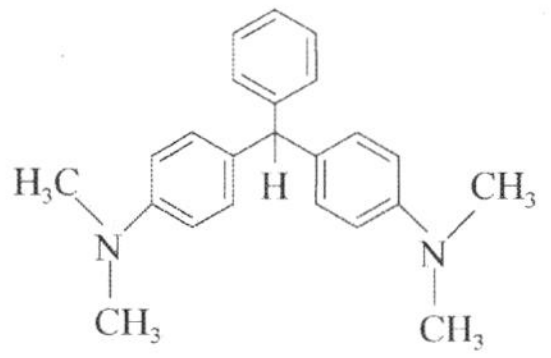

图 3-9　孔雀石绿的分子结构式

【实验对象】

鲫鱼，120g 左右，健康、活力较好。

【实验器材与药品】

器材：721E 型紫外分光光度计、塑料桶、离心机、容量瓶、离心管、烧杯、试管、吸管、比色皿、移液管、三角烧瓶等。

药品：孔雀石绿（分析纯，含量≥99.5%）、冰醋酸（分析纯，含量≥99.5%）、乙酸铵（分析纯，含量≥98.0%）、乙腈（液相色谱，含量≥99.9%）、二氯甲烷（分析纯，含量≥99.5%）、二甘醇（分析纯）、盐酸羟氨（分析纯，含量≥98.5%）、对甲苯磺酸（分析纯，含量≥99.0%）。

实验用水：经过曝气除氯的自来水，pH7.2±0.2，溶氧量＞6mg/L，水温 20～25℃。

【实验方法】

1）孔雀石绿标准溶液的配制：准确称取 0.025g 孔雀石绿药品，用乙腈溶解，定容在 25ml 的棕色容量瓶中，得 1g/L 溶液，即标准储备液。再用 1ml 的移液管分别移取 0.25ml 的储备液于两个 25ml 的棕色容量瓶中，用蒸馏水定容至刻度，得终浓度为 10mg/L 的孔雀石绿标准溶液。

2）浸泡药液的配制：准确称取 0.40g 孔雀石绿药品，溶于实验用水中，在塑料桶中制成终浓度为 5.0mg/L 的溶液。

3）混合提取液的配制：准确称取盐酸羟氨 6.7g，对甲苯磺酸 0.42g，乙酸铵 0.24g，于 250ml 蒸馏水中溶解，并用冰醋酸调节 pH 至 4.5，备用。

4）乙酸铵缓冲液的配制（12mmol/L）：称取乙酸铵 0.925g，加入 800ml 蒸馏水中，加冰醋酸调 pH 至 4.5 左右，定容于 1000ml 容量瓶中，超声 5min 后直接使用。

5）将实验用鱼置于含有 5.0mg/L 孔雀石绿浸泡药液的塑料桶中，浸泡 2h 后，放入另一个装正常实验用水的塑料桶中 30min 后取样。

6）取样及样品处理：分别称取 20g 左右鲫鱼的皮肤、肌肉组织置于 250ml 烧杯中，加混合提取溶液 30ml，匀浆 5min，将样品转移到 25ml 具塞三角烧瓶中，用 30ml 乙腈分 3 次洗涤烧杯，洗涤液合并到三角烧瓶中，向三角烧瓶中加入 20g 中性氧化铝吸附样品中的油脂，将三角烧瓶置于漩涡振荡器中振荡约 10min 后，转移样品至 2 支 50ml 离心管中，4000r/min 离心 10min，将离心管中上清液移入 1000ml 分液漏斗中，向离心管内加入 30ml 乙腈，振摇离心管，使样品与乙腈充分混合，如上所述再次离心，合并上清液至分液漏斗中，向分液漏斗中加入 100ml 蒸馏水，50ml 二氯甲烷，另加 5ml 二甘醇用于消除乳化，剧烈振摇分液漏斗，静置分层，用蒸发瓶收集下层液体后，再往分液漏斗中加入 50ml 二氯甲烷，振摇，静置，待其分层后收集下层液体于同一蒸发瓶中，将收集液在 50℃条件下减压旋转蒸发至近干，取下蒸发瓶，用乙腈洗涤蒸发瓶，定容到 2ml，即得样品溶液。

7）标准曲线的绘制：按表 3-19，绘制孔雀石绿标准曲线。

表 3-19 孔雀石绿标准曲线制备的溶液配制

试管号	蒸馏水/ml	孔雀石绿标准溶液/ml	乙酸铵缓冲液/ml
0（对照）	2.00	—	3.00
1	1.75	0.25	3.00
2	1.50	0.50	3.00
3	1.25	0.75	3.00
4	1.00	1.00	3.00
5	0.00	2.00	3.00

8）混匀后，以 0 号管中液体调零点，于 619nm 处比色，读取各管吸光度值，以吸光度值为纵坐标，浓度为横坐标，绘制标准曲线。

9）样品中孔雀石绿含量的测定：按表 3-20，向相应试管内加入溶液。

表 3-20 孔雀石绿浓度测定表

试管号	蒸馏水/ml	皮肤样品液/ml	肌肉样品液/ml	乙酸铵缓冲液/ml
0	2.00	—	—	3.00
6	1.00	1.00	—	3.00
7	1.00	1.00	—	3.00
8	1.00	—	1.00	3.00
9	1.00	—	1.00	3.00

10）混匀后，以 0 号管中液体调零点，于 619nm 处比色，读取各管吸光度值，分别求出各组织样品吸光度值的平均值，于标准曲线上查得鱼的皮肤及肌肉中孔雀石绿的含量。

【注意事项】

1. 孔雀石绿具有“三致”性，且具有良好的亲脂性，可通过皮肤渗入，操作时要戴手套，注意不要让药品与皮肤接触。

2. 孔雀石绿溶液易见光分解，配制药品时应以棕色瓶保存。

3. 乙酸铵缓冲液超声可用 0.45μm 滤膜抽滤，最好现配现用，以防染菌。

【实验结果】

记录孔雀石绿在鲫鱼皮肤、肌肉中的浓度，比较分析二者的异同点。

【讨论与思考】

1. 比较浸泡条件下孔雀石绿在鲫鱼组织中的含量。

2. 试分析浸泡条件下孔雀石绿在鲫鱼组织中的分布规律。

（湛垚垚）

实验十九　黄芪水提液对两种水生病原菌体外抗菌作用的研究

【理论知识要点】

随着水产集约化养殖业的发展，抗生素被广泛地应用于水产动物疾病的预防与治疗中，有效地控制了水产动物疾病的发生，促进了养殖业的发展。抗生素在养殖业中的使用过程中，缺点被逐渐发现。病菌的耐药性在显著增长，适应能力也在不断增强，并且产生了耐药基因，这将不利于抗生素的进一步使用，随着养殖户对抗生素的不合理使用，该问题更加严重。水产品将抗生素药物蓄积于细胞及组织、器官内，在人类食用后，对人类机体造成了潜在的危害。寻找可替代抗生素的药物，成为水产科学研究的重要项目之一。中草药是天然药物，因其无抗药性、无残留、无副作用、无环境污染、不引发药源性疾病，且抑菌杀菌效果明显，在现代预防、控制细菌性感染疾病和解决微生物耐药性问题中发挥了积极作用。目前，从中草药筛选抗菌药物用于防治水产动物疾病，已成为解决抗生素滥用和化学药物残留问题的有效途径之一。

中草药中有效抗病原微生物的成分主要有酚类、萜类、挥发油、生物碱、植物蛋白质、植物多糖等（孙居锋，2007）。中草药不仅可以直接杀灭病毒或者抑制病毒增殖，还能诱导机体干扰素或者其他免疫因子发挥免疫调节作用。中草药也可配伍应用，即根据不同的病情组合药物，其抗病毒作用效果有些会增强，实现治疗的个体化和整体化（赵凤柱和韩小敏，2009）。临床上常用或研究比较深入的中草药包括板蓝根、黄芪、金银花、穿心莲、鱼腥草等。

【实验目的】

1. 观察比较黄芪水提物对两种水产病原菌的体外抗菌作用。
2. 掌握二倍稀释法测定药物最小抑菌浓度的方法。
3. 比较黄芪水提物对不同水产病原菌的最小抑菌浓度。

【实验原理】

黄芪（*Astragalus membranaceus*）作为水产养殖中应用最为广泛的免疫调节剂，含有多种活性成分，包括黄芪多糖、黄芪皂苷、黄芪黄酮类及氨基酸等成分。现代药理实验及临床报道表明，黄芪在免疫调节、抗肿瘤、抗病毒、治疗糖尿病、延缓衰老等方面具有重要作用。此外，有研究显示，黄芪提取物对体外志贺氏痢疾杆菌、炭疽杆菌、血链球菌、白喉杆菌、假白喉杆菌、肺炎双球菌、金黄色葡萄球菌、柠檬色葡萄球菌、白色葡萄球菌和枯草杆菌等具有一定的抗菌作用。

【实验对象】

哈维氏弧菌（*Vibrio harveyi*）、金黄色葡萄球菌（*Staphylococcus aureus*）。

【实验器材与药品】

器材：高压灭菌锅、恒温水浴锅、恒温光照培养箱、恒温摇床、天平、灭菌玻璃平皿、灭菌试管、灭菌滤纸、无菌吸管、灭菌、镊子、酒精灯、95%乙醇、70%酒精棉、超净工作台等。

药品：黄芪块茎、蛋白胨、酵母浸出膏、琼脂粉等。

【实验方法】

1）黄芪水提物的制备：将黄芪块茎粉碎，过 80 目筛。准确称取黄芪粉末 10.00g，置于 250ml 烧瓶中，加入 100ml 去离子水，沸水煎煮 1h，共提取 3 次。合并 3 次的提取液，然后水浴浓缩至终浓度为 1.00g/ml 的黄芪水提溶液，置于冰箱 4℃保存备用。

2）用打孔器将滤纸制成直径为 6mm 的圆形纸片，经高温灭菌后，浸泡中药黄芪水提液，待其干燥后将纸片平铺在均匀的涂布好细菌的平板上，对照用无菌蒸馏水浸泡纸片。标记后倒置于 37℃恒温光照培养箱中培养，24h 后观察并用游标卡尺准确测量抑菌圈直径。根据抑菌圈直径判定细菌对药物敏感性的标准，如表 3-21 所示。

表 3-21　抑菌圈直径判定细菌对药物敏感性的标准

项目	极敏	高敏	中敏	低敏
抑菌圈直径/mm	≥20	15～19	10～14	≤10

3）取 9 支盛有 4.5ml 无菌水的试管，编号 1～9，取 0.5ml 菌悬液滴至 1 号管，10 倍稀释，然后在 1 号管中取出 0.5ml 转移至 2 号管，依次类推，然后从 7～9 号管中分别取 0.1ml 菌悬液，均匀地涂布于固体 LB 培养基平板上，每支管设 3 个平行组。将平板倒置于 37℃恒温光照培养箱中培养，24h 后观察并计数，根据稀释倍数算出菌液浓度，用生理盐水稀释至 10^8～10^9cfu/ml 备用。

4）采用试管二倍连续稀释法：取 11 支灭菌试管并编号，在 1～10 号试管中分别加入 1ml 培养基和 0.1ml 细菌菌悬液。用灭菌吸管吸取 1ml 黄芪水提液至 1 号管，吹吸混匀后取 1ml 至 2 号管，再从 2 号管中取 1ml 至 3 号管，依次类推，直至 9 号管，混匀后弃 1ml，10 号管不加药物，作为阳性对照，11 号管加 1ml 培养基和黄芪水提液 1ml，混匀后取出 1ml 弃去，不加细菌，作为阴性对照。各管平行 3 份。然后置于 37℃摇床中培养 24h 后观察其生长情况，若第 n 管为澄清，而第 $n+1$ 管为浑浊的话，则第 n 管的药液浓度即该菌的最低抑菌浓度。

【注意事项】

1. 操作时应注意避免两种细菌的交叉污染，影响实验结果。

2. 哈维氏弧菌和金黄色葡萄球菌是能引起人类食源性疾病的重要病原菌，需谨慎操作和处理。

【实验结果】

观察各管实验现象，记录黄芪水提物对两种不同细菌的最低抑菌浓度。

【讨论与思考】

1. 比较黄芪提取物对哈维氏弧菌和金黄色葡萄球菌的最低抑菌浓度，试分析最低抑菌浓度不同的原因。

2. 根据实验结果，试分析水产养殖中是否可以将黄芪提取物作为单一消毒剂使用。

（湛垚垚）

实验二十　五倍子水提物对鲤鱼幼鱼肠道蛋白酶活力的作用

【理论知识要点】

目前，常用于水产动物的中药很多也有提高免疫力的作用，如黄芪、板蓝根、蒲公英、枸杞、甘草等；多种中草药兼有抗病毒作用，如金银花、板蓝根、五倍子等。总之，中草药可以达到预防及治疗动物疾病的目的，在作用机理、添加剂量及配伍使用、副作用上再加以仔细研究，才能科学合理地被使用。

五倍子（gallnut）也称为木附子、百仓虫、文哈、百药煎等，是同翅目蚜科的蛋蚜雌虫或角倍蚜，寄生在漆树科植物的叶柄或嫩叶，刺伤叶柄或嫩叶生成囊状聚生物，虫瘿角倍外表有瘤状凸起，还有不规则如角一样的分支，壁厚1～2mm，表面呈黄棕色或灰棕色；肚倍呈纺梭形或球形，表面暗灰或黄绿色，壁厚2～3mm；五倍子腔内黑褐色的是蚜虫的尸体，白色粉末状物质是蚜虫的排泄物，应用前需将虫尸和排泄物去除。

五倍子的有效成分是鞣质，又称单宁酸或鞣酸，化学名为3,4,5-三羟基苯甲酸，其含量可达 50%～70%，它是倍酰葡萄糖的混合物，为水解单宁。五倍子中含有 2%～4%没食子酸，除此之外还含有棕榈酸、肉豆蔻酸、月桂酸、树脂、淀粉、蜡质等。

【实验目的】

1．掌握蛋白酶活力的测定和计算方法，了解酶、底物和生成物的相关性，以及酶活反应的环境条件。

2．巩固比色法测定蛋白质含量的方法，掌握分光光度计的使用方法，学习绘制标准曲线的方法，进一步理解酶活力和比活力的概念。

3．比较不同剂量五倍子提取物对鲤鱼肠道蛋白酶活力的影响。

【实验原理】

蛋白酶分布广，主要存在于人和动物的消化道中，在植物和微生物中含量丰富。蛋白酶可催化食物或饲料中蛋白质的分解，促进生物体肠道对养分的吸收和利用。按照酶反应的最适pH不同，蛋白酶可分为酸性蛋白酶、中性蛋白酶和碱性蛋白酶。目前，测定蛋白酶活力的方法主要有福林-酚法、甲醛法等。

本实验采用福林-酚法测定蛋白酶的活力。其基本原理是，在一定的温度和 pH 条件下，蛋白酶可以水解酪蛋白底物，生成酪氨酸、色氨酸等含有酚基的氨基酸。在碱性条件下，含有酚基的氨基酸可将福林试剂（Folin reagent）还原成由钼蓝和钨蓝组成的蓝色混合物，该蓝色混合物在 650～660nm 处有最大吸收峰，当反应体系中的蛋白质浓度为25～250μg/ml时，混合物的吸光度值与蛋白质的含量成正比。

本实验中蛋白酶活力单位的定义为：在 37℃、pH7.5 条件下，每克新鲜组织每分钟水解产生 1μg 酪氨酸为 1 个酶活力单位。计算公式如下。

蛋白酶活力（单位）＝样品中酪氨酸质量÷反应时间×反应液最终稀释倍数

【实验对象】

鲤鱼幼鱼，体重（25.5±2.5）g，身体健康，大小基本一致。

【实验器材与药品】

器材：水族缸、超净工作台、721 型可见分光光度计、恒温水浴锅、烘箱、低温冷冻离心机、灭菌锅、分析天平、粉碎机、试管、烧杯等。

药品：五倍子、鱼类基础饲料、福林试剂、磷酸氢二钠、磷酸二氢钠、三氯乙酸、95%乙醇、酪氨酸等。

实验用水：经过曝气除氯的自来水，pH7.2±0.2，溶氧量>5mg/L，水温20～25℃。

【实验方法】

1）五倍子水提物的制备：将五倍子用粉碎机粉碎，准确称取50g用纱布包好，放入烧杯中，加500ml蒸馏水，浸泡30min后煎煮，边煮边搅拌，滤出煎液，煎3次，合并所得药液，在55℃干燥箱内烘干，灭菌后置4℃冰箱中保存待用。

2）实验使用液的制备。

磷酸缓冲液（pH=7.5）：磷酸氢二钠 6.02g 和磷酸二氢钠 0.5g，加水溶解定容至1000ml，pH计校正至7.5。

三氯乙酸溶液（4mol/L）：称取三氯乙酸65.4g，用水溶解并定容至1000ml。

100μg/ml酪氨酸标准溶液：称取在105℃烘箱中烘至恒重的酪氨酸0.1000g，逐步加入6ml 1mol/L盐酸使溶解，用0.2mol/L盐酸定容至100ml，其浓度为1000μg/ml，再吸取此液10ml，用磷酸缓冲液定容至100ml，即配成100μg/ml的酪氨酸标准溶液。此溶液在4℃保存，有效期为3天。

3）实验饵料的配制：在基础饲料（其营养成分见表3-22）中分别添加0.00、1.00%和2.00%五倍子水提物。均匀喷洒后，在60℃烘箱烘干备用。

表3-22　基础饲料的营养成分

营养成分	营养含量/%	营养成分	营养含量/%
粗蛋白质	≥35	磷元素	≥1.2
粗纤维	≤7	氯化钠	0.30～2.00
粗脂肪	≥3.5	总赖氨酸	≥1.8
粗灰分	≤15.5	水分	≤12
钙元素	0.20～2.00		

4）实验动物的饲养及管理：实验开始时，将实验用鱼随机分成4组，1组对照，3组实验组，每组设3个重复，每个重复20尾。分别为对照组、1%水提五倍子组、2%水提五倍子组和 5%水提五倍子组。采用相同的水族缸饲养，水温为（25±2）℃，曝气通氧保证溶氧量在5mg/L以上，pH7.0～7.5，每晚吸底排污一次，并且每天向池内加注1/3新水。每日定时投喂两次，每次投饵量为鱼体重的2%～3%。

5）按表3-23所示，配制酪氨酸使用溶液。

表3-23　酪氨酸使用溶液配制方法

试管编号	100μg/ml 酪氨酸标准溶液/ml	蒸馏水/ml	酪氨酸最终浓度/（μg/ml）
0	0	10	0
1	1	9	10
2	2	8	20
3	3	7	30
4	4	6	40
5	5	5	50

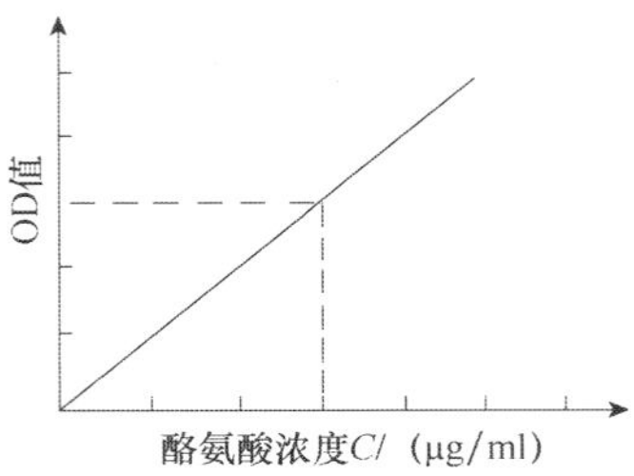

图 3-10　酶活力标准曲线

6）绘制酶活力标准曲线：分别取上述酪氨酸标准溶液各 1ml，各加 0.4mol/L 碳酸钠溶液 5ml 和福林试剂使用溶液 1ml，摇匀置于 40℃水浴锅中，保温显色 20min 后取出，以不含酪氨酸的 0 号管为空白，用 10mm 比色皿在波长 680nm 分别测定其 OD 值。如图 3-10 所示，以 OD 值为纵坐标，酪氨酸浓度 *C* 为横坐标，绘制标准曲线。

7）样品稀释液的制备。

测定酶制剂：称取酶粉 0.1g，加入 pH7.5 磷酸盐缓冲液定容至 100ml，取此液 5ml，再用缓冲液稀释至 25ml，即成 5000 倍的酶粉稀释液。

测定成曲酶：称取充分研细的成曲 5g，加水至 100ml，在 40℃水浴内间断搅拌 1h，过滤，滤液用 pH7.5 磷酸盐缓冲液稀释到一定倍数（根据酶活力而定）。

8）鲤鱼肠道蛋白酶的提取：用硬物从鱼头骨上方将鱼击晕，立即置于冰盘上，迅速解剖，取出肠道，剔除脂肪和内容物，用解剖剪剪碎肠壁，放入匀浆器中，加预冷去离子水在冰盒中进行匀浆，将组织匀浆液于低温离心机中 3000r/min、4℃离心 15min。

9）利用标准曲线法测定蛋白酶活力：取试管，每管内加入样品稀释液 1ml，置于 40℃水浴中预热 2min，再各加入经同样预热的酪蛋白 1ml，精确保温 10min，时间到后，立即再各加入 0.4mol/L 三氯乙酸 2ml 终止反应，继续置于水浴中保温 20min，使残余蛋白质沉淀后离心或过滤。然后另取试管，每管内加入滤液 1ml、0.4mol/L 碳酸钠 5ml、福林试剂使用液 1ml，摇匀置 40℃保温显色 20min 后进行吸光度值（OD 值）测定。

10）蛋白酶活力计算：在 40℃条件下每分钟水解酪蛋白产生 1μg 酪氨酸，定义为 1 个蛋白酶活力单位。

$$\text{样品蛋白酶活力单位（干基）}=\frac{A}{10}\times 4\times N\times\frac{1}{1-W}$$

式中，*A* 为由样品测得的 OD 值，根据标准曲线得相当的酪氨酸微克数（或 OD 值×*K*）；4 为 4ml 反应液取出 1ml 测定（即 4 倍）；*N* 为酶液稀释的倍数；10 为反应 10min；*W* 为样品水分百分含量。

【注意事项】

1．以上介绍的方法用于测定中性蛋白酶（pH7.2～7.5）。若要测定酸性蛋白酶或碱性蛋白酶，则把配制酪蛋白溶液和稀释酶液用的 pH 缓冲液换成相应 pH 缓冲液即可。

2．蛋白酶提取过程，确保样品在低温（4℃以下）条件下进行操作。

【实验结果】

观察各组实验动物状态，计算并比较各组鲤鱼肠道蛋白酶活力。

【讨论与思考】

1．鱼类肠道蛋白酶活力的高低在衡量鱼类消化吸收能力方面具有哪些实际意义？

2．除肠道蛋白酶之外，还有哪些酶类在水产动物消化和吸收营养物质的过程中发挥着重要作用？

（湛垚垚）

实验二十一　维生素 C 对青鱼抗氨氮胁迫能力的影响

【理论知识要点】

维生素（vitamin）又名维他命，是维持动物正常生理机能必不可少的有机化合物。这类物质在体内既不是构成身体组织的原料，也不是能量的来源，而是一类调节物质，在物质代谢中起重要作用。现阶段所知的维生素就有几十种，大致可分为脂溶性和水溶性两大类。例如，水溶性的维生素包括维生素 B、维生素 C 等；脂溶性的维生素包括维生素 A、维生素 D、维生素 E 和维生素 K 等。

维生素 C 又名抗坏血酸（ascorbic acid），为酸性己糖衍生物，是烯醇式己糖酸内酯。有 L 型和 D 型两种异构体，但只有 L 型有生理功效。维生素 C 通常是指 L-抗坏血酸（L-ascorbic acid），化学式为 $C_6H_8O_6$，分子结构式见图 3-11。维生素 C 是一类水溶性维生素，在体内以还原型或脱氢型维生素 C 形式存在，二者可通过氧化还原反应互变，并均具有生理活性。维生素 C 是一种抗氧化剂，同时也是一种辅酶，保护机体免于自由基的威胁。动物机体的许多功能和代谢过程在酶的催化下发生，药物可通过对酶活性的影响增强、阻断或干扰生物体正常的生理功能和代谢过程。

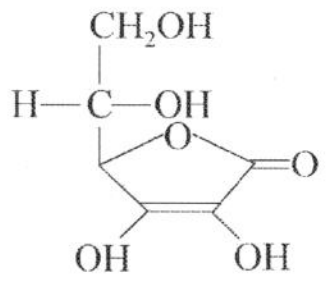

图 3-11　维生素 C 的分子结构式

氨氮（ammonia nitrogen）是水产养殖水体中最主要的可溶性污染物，氨氮主要来源于动物的残饵、排泄代谢产物和生物尸体组织及老化池塘底泥沉积物等的氨化分解。当今水产养殖业中，高密度集约化养殖致使水产动物残骸和排泄物等大量含氨物质增多，氨化作用引起大量氨态氮产生，是诱发疾病的主要环境因素。水体中的氨氮主要以离子氨（NH_4^+）和非离子态氨（NH_3）两种形式存在，并在水中形成动态平衡：$NH_3+H_2O \rightleftharpoons NH_4^++OH^-$。非离子态氨与离子氨的含量受水中 pH、温度及盐度等环境因子的影响。其中离子氨的毒性较小，非离子态氨的毒性很大。一般含氮有机物经细菌分解、氨化作用形成非离子态氨，在水产养殖中，非离子态氨对水产动物的生理机能产生影响，浓度过高时会造成水产动物的大量死亡。

【实验目的】

1. 熟悉口服维生素 C 对青鱼抗氨氮胁迫能力及机体抗氧化能力的影响。

2. 熟悉口服维生素 C 在青鱼体内的分布情况。

3. 了解氨氮对青鱼的毒性作用模型的制备、青鱼体内维生素 C 的检测方法及抗氧化能力的检测方法。

【实验原理】

青鱼是我国传统的养殖淡水鱼类四大品种之一，但在人工养殖过程中面临水体环境突变（以氨氮突变为主）和疾病滋生等问题。通过在青鱼饲料中添加维生素 C 观察其对青鱼氨氮胁迫作用，以期为提高青鱼抗病害能力、提高水产养殖效率提供新方法。

与大多数脊椎动物不同，多数鱼类体内缺乏 L-2 古洛内酯氧化酶，不能自行合成维生素 C，必须从食物中获取。维生素 C 能提高机体抗氧化能力，在促进鱼类生长、提高抗病力、缓解应激和创伤愈合等方面有明显作用，是一种重要的生理和免疫调节因子。维生素 C 包括还原型维生素 C、脱氢型维生素 C 和二酮古龙糖酸。还原型维生素 C 经活性炭氧化转化为脱氢型维生素 C，再与 2,4-二硝基苯肼反应生成红色脎。脎在硫酸溶液中的含量与总维生素 C 含量成正比，由此可对样品中总维生素 C 进行定量。

丙二醛（MDA）是脂质过氧化的产物，可以与含游离氨基的蛋白质、核酸及磷脂酰乙醇胺等发生多次交联反应，形成大分子产物，致使生物膜的结构和功能发生异常，影响机体代谢，进而危及正常生命活动。肝是机体内脂质过氧化反应比较敏感的器官，所以其 MDA 生成的多少可以反映出组织细胞的受损程度。MDA 在高温及酸性环境下可与 2-硫代巴比妥酸（TBA）反应产生红棕色的产物 3,5,5′-三甲基噁唑-2,4-二酮，该物质在 532nm 处有一吸收高峰，可以根据其 532nm 的吸光度值计算出样品中 MDA 含量。

超氧化物歧化酶（SOD）是生物体内重要的抗氧化酶，广泛分布于各种生物体内，是生物体内清除氧自由基的首要物质。SOD 活性不易直接测定，可以采用间接的方法。本实验主要采用羟胺法测定，$\cdot O_2$ 氧化羟基的终产物亚硝酸盐在对羟基苯甲酸及甲萘胺的作用下显紫红色，其在 530nm 处有最大吸收，可用分光光度计进行测定。SOD 活性越强，$\cdot O_2$ 氧化羟基的终产物亚硝酸盐越少，则其吸光度值越小。

鳃是鱼类呼吸、渗透压调节及氨氮排泄的主要部位，Na^+,K^+-ATP 酶是鳃组织泌氯细胞及细胞器膜上存在的一种蛋白酶，在鱼体渗透调节过程中起着非常重要的作用。环境中氨氮胁迫能对鳃丝 Na^+,K^+-ATP 酶活性产生显著的抑制作用。Na^+,K^+-ATP 酶可催化 ATP 水解生成 ADP 和无机磷。实验通过测定无机磷的量来确定 ATP 酶活性。

【实验对象】

青鱼，体重（7.00±0.14）g。

【实验器材与药品】

器材：内循环水养殖系统水族箱、鱼类手术器械一套、恒温水浴箱、721 型紫外分光光度计、组织匀浆器、玻璃试管、微量移液器、离心机等。

药品与试剂：自制含维生素 C 饲料（维生素 C 含量约为 70mg/kg）、氯化铵溶液、0.15ml/L 丁香油溶液、三蒸水、4.5mol/L 硫酸、85%硫酸、2% 2,4-二硝基苯肼溶液、1%草酸溶液、2%草酸溶液、1%硫脲溶液、2%硫脲溶液、1mol/L 盐酸、1mg/ml 维生素 C 标准溶液、活性炭、MDA 检测试剂盒、SOD 检测试剂盒、Na^+,K^+-ATP 酶检测试剂盒等。

实验用水：日充气 12h，溶氧量不低于 5.0mg/L；平均水温（28±2）℃，pH7.31±0.2，养殖水总氨氮浓度低于 0.2mg/L，自然光周期，日换水 1 次，换水量占总体积的 1/3，并清除箱内粪便。

【实验方法】

1．准备阶段

选取个体均一、健康活泼的青鱼置于 3 个水族箱内，每箱 30 尾。实验分为 3 组：空白对照组（基础饲料）、模型组（基础饲料＋水中总氨氮浓度 20mg/L）、维生素 C 实验组（维生素 C 含量 69.1mg/kg 饲料＋水中总氨氮浓度 20mg/L）。实验第一阶段各组用相应饲料投喂 8 周，日投饵量为体重的 4%，每天投喂两次，时间分别为 8：30 和 16：30，根据鱼类进食规律两次投食分别占总量的 40%和 60%。正式实验前，停止喂食 24h。

2．氨氮胁迫实验

从模型组和维生素 C 实验组中随机取出 10 尾实验用鱼，用氯化铵调节水体总氨氮浓度至 20mg/L，进入 24h 氨氮胁迫实验。期间连续充气，保证溶氧量不低于 5.0mg/L，温度控制在（26±1）℃，pH7.4±0.1。

3．指标检测

1）氨氮胁迫后，从各实验组水族箱中随机捞取实验用青鱼，放入盛有 0.15ml/L 丁香油溶液中短暂麻醉，用 1ml 无菌注射器尾静脉采血，置于无菌离心管中，室温静置 30min，3500r/min 离心 15min，取上层血清移入离心管中，用于测定丙二醛（MDA）和超氧化物歧化酶（SOD）（参见附录 1 和附录 2）。

2）将各组实验用青鱼在冰盘上解剖并分离出肝，称取一定量的肝剪碎、匀浆、离心，制备上清液采用 2,4-二硝基苯肼比色法测定维生素 C 含量（参见附录 3）。

3）在冰浴条件下，取各组实验用青鱼两侧第 2 鳃弓上的鳃丝，用生理盐水润洗，滤纸吸干水分，用于鳃丝 Na^{+},K^{+}-ATP 酶（NKA）活性测定（参见附录 4）。

4）将各组实验数据填入实验结果记录表中，用于分析维生素 C 对青鱼抗氨氮胁迫能力的影响。

【注意事项】

1．丁香酚为渔用药物，吞食有害人体健康。

2．氯化铵有刺激作用，取用时应戴手套，注意防护。

3．氯化铵不慎与眼睛接触后应立即用大量清水冲洗并即刻就医。

【实验结果】

将各组实验结果填入表 3-24 中，并进行分析比较。

表 3-24　维生素 C 对青鱼抗氨氮胁迫能力的影响

分组	肝中维生素 C/［μg/（ml·mg）］	血清 MDA/（nmol/ml）	血清 SOD/（U/ml）	鳃丝 NKA 活性/（U/mg prot）
空白对照组				
模型组				
维生素 C 实验组				

【讨论与思考】

1．氨氮胁迫对青鱼的影响主要有哪些方面？

2．维生素 C 如何对青鱼产生保护作用？

3．不同组之间肝中维生素 C 含量是否相同？原因是什么？

【附录】

附录 1　TBA 法测定血清中 MDA 含量

1．按表 3-25 所列顺序添加各试剂。

表 3-25　TBA 法测定血清中 MDA 含量操作表

组分名称	空白管	标准管	测定管	测定对照管
待测样品/μl	—	—	100	100
无水乙醇/μl	100	—	—	—
标准品/μl	—	100	—	—
试剂 1/μl	100	100	100	100
充分混匀				
试剂 2/ml	3	3	3	3
试剂 3/ml	1	1	1	—
50%冰醋酸/ml	—	—	—	1

2．按表 3-25 添加试剂后，用漩涡振荡器充分混匀，将试管口封闭后留一小眼，95℃沸水浴 40min，流水冷却，3500r/min 离心 10min。

3．取上清置于 1cm 光径比色杯中，在 532nm 处测定吸光度值，用蒸馏水调零。

4．计算：

$$血清中MDA含量（nmol/ml）=\frac{A_{测定}-A_{对照}}{A_{标准}-A_{空白}}\times 10$$

附录 2　羟胺法测定血清中 SOD 含量

1．按表 3-26 所列顺序添加各试剂。

表 3-26　羟胺法测定血清中 SOD 含量操作表

组分名称	测定管	对照管
待测样品/μl	100	—
蒸馏水/μl	—	100
试剂 1/μl	1000	1000
试剂 2/μl	100	100
试剂 3/μl	100	100
试剂 4/μl	100	100
漩涡振荡器充分混匀，37℃恒温水浴 40min		
显色剂/μl	2000	2000

2．混匀，室温放置 10min，转移至 1cm 光径比色杯，用蒸馏水调零，在 550nm 波长处测定吸光度值。

3．计算。

$$血清中 SOD 活力（U/ml）=\frac{A_{对照}-A_{测定}}{A_{对照}}\div 0.5\times 反应体系稀释倍数（14）$$

附录 3 2,4-二硝基苯肼比色法测定维生素 C 含量

1．样品的制备：称取青鱼肝 50～60mg，加入 3ml 5%三氯乙酸在组织匀浆器中制备组织匀浆，之后转移至离心管中，3000r/min 离心 10min，取上清，加入活性炭 100mg 用力振摇 1min，滤纸过滤。

2．标准品的制备：取 200mg 活性炭加入 5ml 维生素 C 标准品溶液中，振摇 1min，滤纸过滤。取 60μl 滤液加入 3ml 5%三氯乙酸中，使标准品浓度至 20μg/ml。

3．维生素 C 含量的测定（表 3-27）。

表 3-27 2,4-二硝基苯肼比色法测定维生素 C 含量测定步骤

组分名称	空白组	标准品组	空白对照组	模型组	维生素 C 实验组
滤液/ml	0.5	0.5	0.5	0.5	0.5
5%三氯乙酸/ml	1	1	1	1	1
10%硫脲/d	1	1	1	1	1
2,4-二硝基苯肼/ml	—	0.5	0.5	0.5	0.5
混匀，37℃冰水浴冷却 3h					
2,4-二硝基苯肼/ml	0.5	—	—	—	—
室温放置 10～15min					
各管置于冰水浴上，逐滴加入冷 85% H_2SO_4 2ml					
室温放置 30min 显色，在 540nm 波长处显色，空白组调零					

4．维生素 C 含量的计算如下。

$$试样中维生素C含量[\mu g/(ml\cdot mg)]=\frac{A_{样品}\times 标准品浓度}{A_{标准}\times 样品质量}$$

附录 4 定磷法测定 Na^+,K^+-ATP 酶活性

准确称量鳃组织质量，按质量体积比制成 10%的组织匀浆，4℃、3500r/min 离心 10min，取上清测定 NKA 活性。另取同一批 10%组织匀浆用生理盐水稀释至 1%浓度，测定组织中蛋白质含量。以每小时每毫克组织蛋白质中 ATP 酶分解 ATP 产生 1μmol 无机磷的量为 1 个 ATP 酶活力单位［μmol P/（mg・h）］。

1．考马斯亮蓝法测定鳃丝中蛋白质浓度（表 3-28）。

表 3-28 鳃丝中蛋白质浓度的测定

组分名称	空白管	标准管	测定管
生理盐水/ml	0.1	—	—
蛋白标准液（0.05mg/ml）/ml	—	0.1	—
待测液/ml	—	—	0.1
考马斯亮蓝液/ml	5	5	5

混匀，2min 后，用 721 型可见分光光度计在 595nm 波长比色，以空白管调零。

$$待测液蛋白质浓度（mg/ml）=\frac{A_{测定}}{A_{标准}}\times 0.05\times 10$$

2. 定磷法测定 Na^+,K^+-ATP 酶活性。

1）按表 3-29 的步骤进行酶促反应。

表 3-29 测定 Na^+,K^+-ATP 酶活性酶促反应操作步骤

组分名称	测定管	对照管
待测样/μl	100	—
双蒸水/μl	100	160
试剂 10/μl	60	—
基质液/μl	420	420
	混匀，37℃水浴 10min	
试剂 4/μl	100	100
待测样/μl	—	100

混匀，3500r/min 离心 10min，取上清用于定磷。

2）按表 3-30 的步骤进行定磷反应。

表 3-30 测定 Na^+,K^+-ATP 酶活性定磷操作步骤

组分名称	空白管	标准管	测定管	对照管
上清液/μl	—	—	300	300
双蒸水/μl	300	—	—	—
0.02μmol/ml 磷标准液/μl	—	300	—	—
试剂 5/μl	1000	1000	1000	1000
		混匀，室温静置 2min		
试剂 6/μl	1000	1000	1000	1000

混匀，室温静置 5min，双蒸水调零，在 636nm 波长处测定吸光度值。

3）计算：

$$\text{鳃弓中 ATP 酶活力(U/mg prot)}=\frac{A_{\text{测定}}-A_{\text{对照}}}{A_{\text{标准}}-A_{\text{空白}}}\times 0.02\times 6\times 7.8\div \text{样品蛋白质浓度(mg prot/ml)}$$

（王 丽）

实验二十二　维生素 E 对罗非鱼幼鱼过氧化氢酶活力的影响

【理论知识要点】

动物体的许多生理功能和代谢过程都在酶的催化下行使和发生，外源药物可以通过影响酶活性进而增强、阻断或干扰生物体正常的生理功能和代谢过程。动物体抗氧化防御系统由非酶系统和抗氧化酶系统构成。非酶系统主要包括维生素 E、维生素 C、谷胱甘肽等，其主要功能是抗氧化损伤。抗氧化酶系统主要包括过氧化氢酶、超氧化物歧化酶、谷胱甘肽还原酶等，其主要作用是清除体内的自由基。

维生素 E（vitamin E，VE）是一种具有 α-生育酚生物活性的淡黄色油状物质，易溶于脂肪和乙醇等有机溶剂，是维持动物正常生理机能必不可少的有机化合物。维生素 E 的化学性质不稳定，其苯环 6 号位碳原子上的羟基极易被氧化（图 3-12），因此维生素 E 具有很强的还原性，可保护细胞膜、亚细胞膜等磷脂生物膜不被氧化，是生物体内一种重要的抗氧化剂。

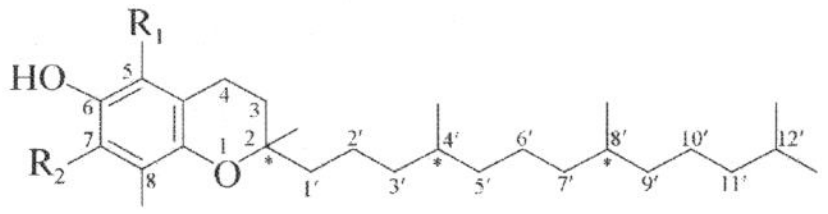

*手性中心

R_1=R_2=CH_3：α-生育酚

R_1=CH_3, R_2=H：β-生育酚

R_1=H, R_2=CH_3：γ-生育酚

R_1=R_2=H：δ-生育酚

图 3-12　维生素 E 的分子结构式

维生素 E 与动物的生长、免疫、抗病力及繁殖有密切的关系。当缺乏维生素 E 时，动物会表现为生长迟缓、抗病和繁殖能力下降等症状。研究发现，作为一种动物必需的维生素，维生素 E 能提高动物的生长速率和免疫相关酶的酶活力，饲料中添加维生素 E 可以增强机体的抗氧化能力，因此维生素 E 被广泛应用于生态养殖中。

过氧化氢酶（catalase，CAT）主要存在于植物的叶绿体、线粒体、内质网，动物的肝和红细胞等细胞的过氧化物体内，是过氧化物酶体的标志酶，能快速将细胞代谢产生的有毒物质 H_2O_2 清除，从而减少过氧化脂质生成，避免机体受到 H_2O_2 的毒害。体内抗氧化酶的活力可以反映机体的抗氧化能力，从侧面体现生物体的健康状态。过氧化氢酶活力的测定方法主要有化学滴定法、分光光度法、电化学法、放射化学法及简易气量测定法等。

【实验目的】

1．熟悉维生素 E 对罗非鱼幼鱼肌肉及血清中过氧化氢酶活力的影响。

2．比较维生素 E 对罗非鱼幼鱼过氧化氢酶影响的组织特异性。

3．掌握过氧化氢酶的作用原理和测定方法。

【实验原理】

过氧化氢酶可以催化过氧化氢分解成 H_2O 与 O_2，加入钼酸铵可以迅速中止该反应，

剩余的 H_2O_2 与钼酸铵形成稳定的黄色复合物，其黄色深浅与酶活性成反比。该黄色复合物在 405nm 处有最大吸光度值，因此可以利用钼酸铵比色法测定过氧化氢酶活性。过氧化氢酶活力单位定义为：在 37℃，1min 催化水解 1μmol H_2O_2 量为一个 CAT 酶活力单位。

【实验对象】

罗非鱼幼鱼，体长（2.5±0.05）cm，体重（0.40±0.01）g。身体健康，大小基本一致。

【实验器材与药品】

器材：水族缸、超净工作台、721 型可见分光光度计、恒温水浴锅、低温冷冻离心机、冰箱、灭菌锅、分析天平、匀浆器、试管、烧杯、离心管、移液器、剪刀、镊子、注射器等。

药品：CAT 检测试剂盒（CAT，T01017）、维生素 E 乙酸酯、磷酸盐缓冲液（67mmol/L，pH7.4）、肝素等。

实验用水：经过曝气除氯的自来水，pH7.0～7.5，溶氧量为 6.0～8.0mg/L，水温（25.0±2.0）℃。

【实验方法】

1．实验饵料的配制

在基础饵料（其营养成分见表 3-31）中分别添加 30mg/kg、60mg/kg、90mg/kg 和 120mg/kg 的维生素 E（饲料中维生素 E 的添加量见表 3-32），在 40℃烘箱中烘干备用。

表 3-31　基础饲料的营养成分

营养成分	营养含量/%	营养成分	营养含量/%
豆粕	35.0	大豆磷脂	0.2
米糠	12.0	胆碱	0.2
面粉	12.0	防霉剂	0.1
小麦麸	10.0	抗氧化剂	0.1
花生仁粕	10.0	黏合剂	0.1
菜籽粕	12.0	食盐	0.5
进口鱼粉	4.0	复合维生素（不含维生素 E）	0.5
大豆油	2.0	磷酸二氢钙	0.8
复合矿物质	0.5	合计	100

表 3-32　饲料中维生素 E 的添加量

实验组别	对照组	A	B	C	D
维生素 E 添加量/（mg/kg）	0	30	60	90	120

2．实验动物的饲养及管理

实验用鱼在实验室条件下饲养两周，禁食 24h 后，挑选规格均匀、健康的罗非鱼幼苗作为实验对象。实验开始时将实验用鱼随机分成 5 组，1 组对照，4 组实验组，每组设 3 个重复，每个重复 20 尾。分别为：对照组（不添加维生素 E）、30mg/kg 的维生素 E 组、60mg/kg 的维生素 E 组、90mg/kg 的维生素 E 组和 120mg/kg 的维生素 E 组。采用相同的水族缸饲养。实验用水为经过曝气除氯的自来水，水温（25.0±2.0）℃，pH7.0～7.5，溶氧量为 6.0～8.0mg/L，每晚吸底排污一次，每天换水 1/3。每日 8 时和 17 时各投喂一次，每次投饵量为鱼体重的 2%～3%。

3．血清的制备

从每个水族缸中随机抽取 10 尾幼鱼，用注射器从鱼的尾静脉采血，收集在 1.5ml 离心管中，加肝素抗凝。室温放置半小时后，转入 4℃冰箱静置 2～4h，随后 3000r/min 室温离心 5～10min，转移上层血清于新的 1.5ml 离心管中备用。

4．肌肉过氧化氢酶的提取

将实验用鱼置于解剖盘上，麻醉后，迅速解剖，取出适量肌肉（约 0.5g），放入匀浆器中，加适量预冷磷酸盐缓冲液（67mmol/L，pH7.4）在冰上进行匀浆。充分碾磨后，将组织匀浆液转移到 1.5ml 离心管中，12 000r/min、4℃离心 15min，随后转移上清于新的 1.5ml 离心管中备用，记录匀浆液的总体积。

5．样品测定

1）配制 65μmol/L H_2O_2 基液：试剂盒中的 H_2O_2 浓度是 1mol/L，用 CAT Assay buffer 进行稀释，使 H_2O_2 基液的浓度为 65μmol/L。

2）基液置于 37℃水浴 5min，按照表 3-33 的步骤操作，注意避免产生气泡。

表 3-33 组织中过氧化氢酶测定操作表

组分名称	空白管	对照组	A	B	C	D
CAT Assay buffer/ml	0.1	—	—	—	—	—
血清/肌肉均浆液/ml	—	0.1	0.1	0.1	0.1	0.1
65μmol/L H_2O_2 基液/ml	1.0	1.0	1.0	1.0	1.0	1.0
立即混匀，37℃水浴 60s						
MO 显色液/ml	1.0	1.0	1.0	1.0	1.0	1.0

3）混匀，10min 后用分光光度计检测每组样品在 405nm 处的吸光度值，以蒸馏水调零比色。读取并记录各管的吸光度值。所有样品应在 1h 内检测完毕。

6．计算

根据酶活性定义，计算出不同样品中 CAT 的活力。

血清中过氧化氢酶活力计算方法：

$$过氧化氢酶（U/ml）=\frac{A_{对照}-A_{实验}}{A_{空白}}\times 65\times 1\times 10$$

式中，65 为空白管 H_2O_2 浓度（65μmol/L）；1 为 H_2O_2 体积（1.0ml）；10 为本实验血清用量 0.1ml 换算成 1ml 时的倍率。

组织中过氧化氢酶活力计算方法：

$$过氧化氢酶（U/mg）=\frac{A_{对照}-A_{实验}}{A_{空白}}\times 65\times \frac{1}{500}\times N$$

式中，65 为空白管 H_2O_2 浓度（65μmol/L）；1 为 H_2O_2 体积（1.0ml）；500 为本实验组织用量（0.5g=500mg）换算成 1mg 时的倍率；N 为本实验获取的组织匀浆液总体积与所用组织匀浆液（0.1ml）的比值。

【注意事项】

1．酶促反应 80s 内，反应时间和吸光度值降低成反比，因此要严格控制反应时间。

2．因为常温下离心会产生高温，高温会破坏蛋白质和酶的活性，因此制备血清时，离心转速不宜过高。

3．由于 H_2O_2 分解产生氧气，释放的气泡会干扰比色，所以加入钼酸铵 10min 后再比色。

4．H_2O_2 极不稳定，使用前需要测定其实际浓度。

【实验结果】

计算血清及组织中过氧化氢酶活力。

【讨论与思考】

1．比较不同组织中过氧化氢酶活力的差异。

2．简述维生素 E 对体内过氧化氢酶活力有何种影响，并解释原因。

（孙志惠）

实验二十三　甘露寡糖对鲫鱼不同组织碱性磷酸酶活力的作用

【理论知识要点】

免疫增强剂（immunopotentiator）是指通过非特异性途径促进或诱导机体防御体系，提高机体自身非特异性免疫能力，增强机体对抗原物质产生特异性免疫应答反应能力的物质。

按照功能可以将免疫增强剂分为两大类，分别是增强由免疫诱导的特异性免疫功能和增强动物的非特异性免疫功能。在水产养殖中，多是通过免疫增强剂来提高非特异性免疫功能，进而增强水生动物的抗病、防病能力。使用免疫增强剂来提高水产动物自身非特异性免疫能力，是目前公认的一种提高水产动物免疫活性及疾病抵抗能力的有效方法。应用于水产动物的免疫增强剂主要有化学药剂、微生物类及激素、动植物提取物、低聚糖等。

甘露寡糖（mannan oligosaccharide，MOS）（图 3-13）又称甘露低聚糖或葡甘露寡聚糖，是从酵母培养细胞壁中提取的一类新型抗原活性物质，由几个甘露糖分子或甘露糖与葡萄糖通过 α-1,2-糖苷键、α-1,3-糖苷键、α-1,6-糖苷键、β-1,4-糖苷键及 β-1,3-糖苷键连接而成。甘露寡糖广泛存在于魔芋粉、瓜儿豆胶、田菁胶及多种微生物细胞壁内，具有低热、稳定、安全无毒等良好的理化性质，是一种优良的免疫增强剂。在生物体内，它具有清除自由基、激活巨噬细胞和嗜中性粒细胞、促使抗生素和抗寄生等药物发挥效用、降低血液中的低密度脂肪含量、保护肠道等作用。有研究表明，甘露寡糖可以提高鱼类的存活率、生长性能和非特异性免疫能力。作为一种免疫增强剂，甘露寡糖可以通过增强机体内与免疫相关的酶的活性、增强吞噬细胞的吞噬作用来提高鱼类的非特异性免疫功能，并可以通过增加鱼类肠道绒毛的高度、一致性和完整性来改善肠道功能。

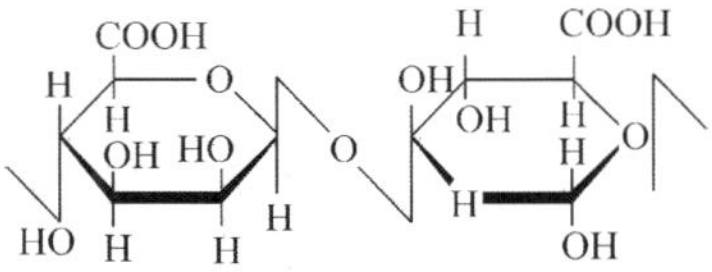

图 3-13　甘露寡糖的分子结构式

碱性磷酸酶（alkaline phosphatase，AKP）是非特异性磷酸单酯酶，几乎存在于机体的各个组织，但是在骨骼、牙齿、肝和肾中含量较多，直接参与磷代谢，在磷的消化、吸收、分泌等过程中发挥重要作用。此外，碱性磷酸酶是巨噬细胞溶酶体的标志酶之一，是动物代谢过程中重要的调控酶，在物质转运、离子分泌和机体非特异免疫防御中发挥功能。碱性磷酸酶活力降低可导致生物体出现生长迟缓、免疫力降低等症状。在临床医学上，测定血清中碱性磷酸酶的活力已成为诊断和检测体内磷代谢等多种疾病重要的指标和手段。而在水产养殖中，碱性磷酸酶活性的高低则可以用来判断鱼类非特异性免疫机能的强弱。目前，常见的测定碱性磷酸酶的方法主要有分光光度法、电化学法、化学发光法和荧光法等。

【实验目的】

1. 掌握碱性磷酸酶活力测定的方法和原理。

2. 掌握分光光度法测定的原理和方法。

3. 比较甘露寡糖对鲫鱼碱性磷酸酶活力影响的组织特异性。

【实验原理】

在 pH 为 10 的环境中，碱性磷酸酶可催化磷酸苯二钠生成游离苯酚和磷酸氢二钠。在碱性溶液中，苯酚可以与 4-氨基安替比林作用，经铁氰化钾氧化生成红色的醌衍生物，根据红色深浅可测定酶活性的大小（图 3-14）。此外，该红色化合物在 510nm 波长处有最大吸收峰，且在一定范围内，红色化合物含量与吸光度值成正比。

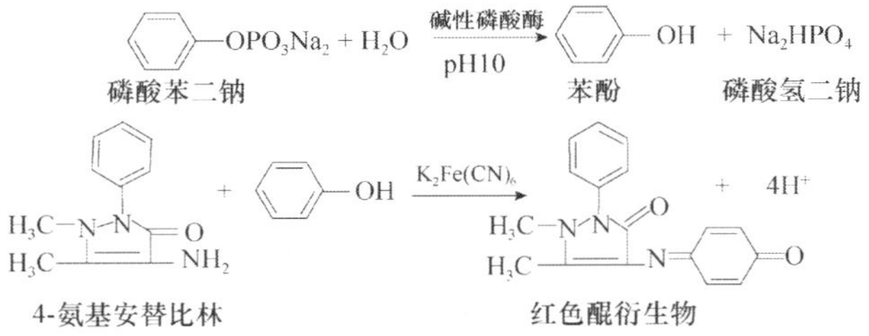

图 3-14 磷酸苯二钠比色法反应示意图

酶活力是指酶催化某个特定反应的能力，可以用酶促反应速度来衡量。酶促反应速度是指单位时间内底物的减少量或产物的生成量。本实验采用磷酸苯二钠比色法，通过吸光度值的大小计算反应体系中酚的含量，进而计算出碱性磷酸酶活力。碱性磷酸酶活力单位定义为：在 37℃条件下，每 100ml 血清与底物作用 15min，每产生 1mg 酚为一个酶的活力单位。

【实验对象】

鲫鱼，规格均匀、健康、初始体长和质量一致。

【实验器材与药品】

器材：水族缸、可见分光光度计、恒温水浴锅、低温冷冻离心机、冰箱、灭菌锅、分析天平、匀浆器、试管、烧杯、离心管、移液器、剪刀、镊子、注射器、pH 试纸等。

药品：20mmol/L 磷酸苯二钠基液、0.1mmol/L 碳酸盐缓冲液（pH＝10.0，含 4-氨基安替比林）、铁氯化钾硼酸溶液、酚标准工作液（0.05mg/ml）、甘露寡糖、Tris-HCl 缓冲液、肝素钠。

实验用水：经过曝气除氯的自来水，水温（26.0±1.0）℃，pH6.8～7.0，溶氧量≥6.0mg/L，亚硝酸盐≤0.2mg/L，氨氮≤0.2mg/L。

【实验方法】

1. 实验饵料的配制

基础饵料配方参考徐磊等（2012）配制，具体配方见表 3-34。在基础饵料的基础上分别添加 0mg/kg、60mg/kg、120mg/kg、240mg/kg 的甘露寡糖。添加甘露寡糖时，可以通过减少沸石粉添加量从而保证配方总量的平衡。共制备 4 种饲料（表 3-35），加工成颗粒后备用。

表 3-34 基础饲料的营养成分

组分名称	日粮组成/%	营养成分	营养水平/%
次粉	23.0	粗蛋白质	31.26
麸皮	9.5	粗脂肪	4.00
米糠	7.0	磷元素	1.26
菜籽粕	17.0	钙元素	1.01
豆粕	19.5	粗纤维	5.22
鱼粉	8.0	粗灰分	4.78
棉粕	8.0	赖氨酸	1.60
鱼油	2.0	蛋氨酸	0.80
磷酸二氢钙	2.0	精氨酸	2.00
氯化胆碱	0.5		
维生素添加剂	1.0		
矿物质添加剂	1.0		
沸石粉	1.5		

表 3-35 饲料中甘露寡糖的添加量

实验组别	A（对照组）	B	C	D
甘露寡糖添加量/（mg/kg）	0	60	120	240

2．实验动物的饲养及管理

实验用鱼在实验室条件下饲养两周，禁食 24h 后，挑选规格均匀、健康、初始体长和质量一致的鲫鱼作为实验对象。实验开始时将实验用鱼随机分成 4 组，1 组对照组，3 组实验组，每组设 3 个重复，每个重复 20 尾。分别为：对照组（不添加甘露寡糖组）、60mg/kg 的甘露寡糖组、120mg/kg 的甘露寡糖组、240mg/kg 的甘露寡糖组。采用相同的水族缸饲养。实验用水为经过曝气除氯的自来水，水温（26.0±1.0）℃，pH6.8～7.0，溶氧量≥6.0mg/L，亚硝酸盐≤0.2mg/L，氨氮≤0.2mg/L，每晚吸底排污一次，每天换水 1/3。每日 8 时和 17 时各投喂一次，每次投饵量为鱼体重的 3%～4%。

3．血清制备

从每个水族缸中随机抽取 10 尾鱼，用注射器从鱼的尾静脉采血，收集在 1.5ml 离心管中，加肝素钠抗凝。室温放置半小时后，转入 4℃冰箱静置 2～4h，随后 3000r/min 室温离心 5～10min，转移上层血清于新的 1.5ml 离心管中备用。

4．肝及肌肉碱性磷酸酶的提取

从每个水族缸中随机抽取 3 尾鱼，置于解剖盘上，麻醉后迅速解剖，充分放血后，每条鱼分别取出 0.1g 肌肉及肝组织样品，洗净，放入匀浆器中，加入 0.5ml 预冷的 Tris-HCl 缓冲液（pH8.5），在冰上进行匀浆。充分碾磨后，将组织匀浆液转移到 1.5ml 的离心管中，12 000r/min、4℃离心 15min，随后转移上清于新的 1.5ml 离心管中备用。

5．样品中碱性磷酸酶活力的测定

按照表 3-36 的步骤操作，向相应试管内依次加入溶液，并充分混匀。

表 3-36 碱性磷酸酶活力的测定 （单位：ml）

组分名称	A	B	C	D	空白管	对照管	标准管
血清、肝匀浆或肌肉匀浆	0.10	0.10	0.10	0.10	0	0	0
酚标准液	0	0	0	0	0	0	0.10
蒸馏水	0	0	0	0	0.10	0	0
pH10 碳酸盐缓冲液	1.00	1.00	1.00	1.00	1.00	1.00	1.00
混匀后，37℃水浴 5min，同时将底物预热							
底物液	1.00	1.00	1.00	1.00	1.00	1.00	1.00
混匀后，37℃水浴，精确计时 15min							
铁氰化钾硼酸溶液	3.00	3.00	3.00	3.00	3.00	3.00	3.00
血清、肝匀浆或肌肉匀浆	0	0	0	0	0	0.10	0
迅速混匀，室温静置 10min							

以蒸馏水调零比色，用分光光度计检测每组样品在 510nm 波长处的吸光度值。读取并记录各管的吸光度值。

6．计算

$$碱性磷酸酶活性（金氏单位/100ml）=\frac{A_{测定}-A_{对照}}{A_{标准}-A_{空白}}\times 酚标准品浓度\times 100（金氏单位）$$

$$组织中碱性磷酸酶活性（金氏单位/100mg）=\frac{A_{测定}-A_{对照}}{A_{标准}-A_{空白}}\times 酚标准品浓度\times 稀释倍数$$

【注意事项】

1．应使用新鲜的酚标准液，开瓶后不宜久置。

2．反应体系中各反应组分的加入量要准确，要严格控制反应时间。

3．铁氰化钾硼酸液应避光保存，如果溶液变成蓝绿色则不能继续使用。本实验是利用铁氰化钾硼酸液改变 pH 来中止反应，因此其加入量要足够多，且加入后应该立即混匀。

4．若空白管中溶液变红，说明磷酸苯二钠已经分解，不能继续使用。

5．若待测样品较多，可以分组进行。

【实验结果】

观察记录各组鲫鱼状态的异同，计算甘露寡糖对不同组织中碱性磷酸酶活性的影响。

【讨论与思考】

不同组织间碱性磷酸酶活性有何差异？

（孙志惠）

实验二十四 β-葡聚糖对鲤鱼血清溶菌能力的影响

【理论知识要点】

β-葡聚糖（β-glucan）的活性结构是由葡萄糖单位组成的多聚糖，它们大多数通过β-1，3-糖苷键结合，这是葡萄糖链连接的方式（图3-15）。它能够活化巨噬细胞、嗜中性粒细胞等，因此能提高白细胞素、细胞分裂素和特殊抗体的含量，全面刺激机体的免疫系统。β-葡聚糖能使受伤机体的淋巴细胞产生细胞因子（IL-1）的能力迅速恢复正常，有效调节机体免疫机能。大量实验表明，β-葡聚糖可促进体内IgM抗体的产生，以提高体液的免疫能力。这种葡聚糖活化的细胞会激发宿主非专一性防御机制，故应用在肿瘤、感染病和治疗创伤方面深受瞩目。经特殊步骤萃取且不含内毒素的β-1,3-葡聚糖在美国FDA已被认定是一种安全的物质，可添加在一般食品中，许多报道显示老鼠口服酵母β-1,3-葡聚糖，可增加腹膜细胞抗菌的吞噬作用。

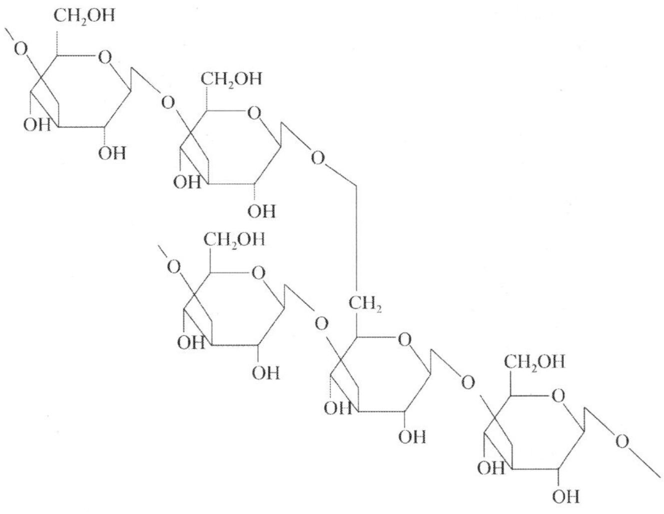

图3-15 酵母β-1,3-葡聚糖的分子结构式

溶菌酶（lysozyme，LSZ）是一种糖苷水解酶，它是广泛存在于生物组织中的一类无毒的小分子碱性蛋白酶，同时也是这些生物天然免疫系统的重要组成部分。溶菌酶是一种天然抑菌和抗菌剂，主要催化细菌骨架物质——肽聚糖的降解，导致细菌裂解死亡，因其具有溶菌作用，故命名为溶菌酶。

【实验目的】

1．掌握滤纸片法测定溶菌酶体外抑菌活性的方法。

2．熟悉口服β-葡聚糖对鲤鱼血清溶菌能力的影响。

【实验原理】

溶菌酶能水解细胞壁上的肽聚糖，增强菌悬液的透光度，根据透光度变化来计算LSZ的活性。藤黄微球菌用0.05mol/L PBS（pH6.2）进行研磨，取2ml鲤鱼血清加入2ml微球菌悬浮液中，37℃孵育15min，在540nm处测定OD值。每单位LSZ活性定义为每分

钟 OD_{540} 降低 0.001 为一个酶活力单位。

【实验对象】

鲤鱼幼鱼，身体健康，大小基本一致，体重为（25.5±2.5）g。

【实验器材与药品】

器材：30L 养殖水槽、双螺杆挤压机、高压灭菌锅、恒温水浴锅、电热恒温培养箱、超净工作台、恒温摇床、天平、灭菌玻璃平皿、灭菌试管、灭菌滤纸、无菌吸管、灭菌锅、镊子、酒精灯、95%乙醇、70%酒精棉等。

药品：β-葡聚糖（β-1,3 型，纯度>90%）、鱼类基础饲料、磷酸氢二钠、磷酸二氢钠、三氯乙酸、95%乙醇等。

实验用菌：金黄色葡萄球菌（*Staphylococcus aureus*）和沙门氏菌（*Salmonella*）。

实验用水：经过曝气除氯的自来水，pH7.2±0.2，溶氧量>5mg/L，水温 20～25℃。

【实验方法】

1．配制基础饲料和添加 β-葡聚糖的饲料

以鱼粉和豆粕为主要蛋白源，高筋面粉为主要糖源，鱼油为主要脂肪源配制基础饲料（其配方和营养成分见表 3-37）。在基础饲料中分别添加 200mg/kg、600mg/kg 和 1000mg/kg 酵母 β-葡聚糖配制 3 种试验饲料。

饲料原料经粉碎后过 40 目筛，按配方准确称取。β-葡聚糖以高筋面粉作为载体，再逐级放大。各种饲料成分充分混匀，用双螺杆挤压机制成直径为 1.5mm 的颗粒饲料，55℃烘干，自然冷却后放入密封袋，置于–20℃冰箱中保存备用。

表 3-37 基础饲料的营养成分

营养成分	营养含量/%	营养成分	营养含量/%
粗蛋白质	≥35	磷元素	≥1.2
粗纤维	≤7	氯化钠	0.30～2.00
粗脂肪	≥3.5	总赖氨酸	≥1.8
粗灰分	≤15.5	水分	≤12
钙元素	0.20～2.00		

2．LB 培养基的配制

LB 培养基：蛋白胨 10g，酵母提取物 5g，NaCl 5g，蒸馏水 1000ml，pH7.2；固体培养基为液体培养基中加入 15g/L 琼脂粉。经过 121℃高压灭菌 20min 后备用。

3．实验动物的饲养及管理

实验开始前，将鲤鱼幼鱼在室内养殖水槽中暂养 1 周，期间每天投喂不含 β-葡聚糖的基础饲料两次。实验开始时，将鲤鱼幼鱼随机分成 4 组，1 组对照组，3 组实验组，每组设 3 个重复，每个重复 20 尾。分别为对照组、200mg/kg 酵母 β-葡聚糖组、600mg/kg 酵母 β-葡聚糖组和 1000mg/kg 酵母 β-葡聚糖组。采用相同的水族缸饲养，水温为（25±2）℃，曝气通氧保证溶氧量在 5mg/L 以上，pH7.0～7.5，每晚吸底排污一次，并且每天向池内加注 1/3 新水。每日定时在中午 12 时投喂 1 次，每次投饵量约为鱼体重的 5%。

投喂基础饲料的对照组记为 G0，投喂 200mg/kg、600mg/kg 和 1000mg/kg β-葡聚糖饲料组分别记为 G200、G600 和 G1000。每天定时在 8 时和 18 时各投喂 1 次，投喂量为

鱼体重的3%，按摄食情况调整投喂量。记录死亡鱼尾数及体量。实验过程中为自然光照，每天测定溶氧量、水温和pH等，每周测量1次氨氮和亚硝酸盐。养殖期间氨氮<0.2mg/L，亚硝酸盐<0.02mg/L，溶氧量>6mg/L，水温28～32℃，pH7.5～8.0。每周换水2次，每次换水量为总体积的1/3。养殖实验期为40天。

4．样品采集

养殖实验结束后停食24h，每重复随机取15尾鱼，用1ml无菌注射器于尾静脉取血。静置4h，4000r/min离心10min，取上清液分装制备血清。

5．滤纸片法测定血清溶菌酶的体外抑菌效果

将金黄色葡萄球菌和沙门氏菌均匀涂布在LB琼脂培养基上，同时将直径为0.6cm的无菌空白纸片放在培养基上，再将一定浓度的溶菌酶缓冲溶液加到纸片上，于37℃培养20h，用游标卡尺准确测量抑菌圈直径，比较各组血清中溶菌酶抑菌活力大小。根据抑菌圈直径判定细菌对药物的敏感性（表3-38）。

表3-38 抑菌圈直径判定细菌对溶菌酶敏感性的标准

敏感程度	低敏	中敏	高敏	极敏
抑菌圈直径/mm	≤10	10～14	15～19	≥20

【注意事项】

1．操作时应注意避免两种细菌的交叉污染，影响实验结果。

2．金黄色葡萄球菌和沙门氏菌是能引起人类食源性疾病的重要病原菌，需谨慎操作和处理。

【实验结果】

详细记录实验观察到的现象，分析β-葡聚糖对鲤鱼血清溶菌能力的影响。

【讨论与思考】

1．溶菌酶具有天然抑菌和抗菌特性的原因是什么？

2．比较溶菌酶提取物对金黄色葡萄球菌和沙门氏菌的最低抑菌浓度，试分析最低抑菌浓度不同的原因。

（湛垚垚）

第四章 水产药理学设计性实验

实验一 绒毛膜促性腺激素对鱼类促排卵作用的实验观察

【设计目的与要求】

绒毛膜促性腺激素（human chorionic gonadotropin，HCG）是从孕妇尿中提取而来的，其主要成分是促黄体激素（LH），其成品为白色、灰白色或淡黄色粉末，易溶于水，遇热易失效，使用时需要现配现用。在水产养殖中，HCG能够促进亲鱼排卵，单独使用HCG时，能够促进鲢、鳙、鲤、鲫、鳊、细鳞斜颌鲴等鱼排卵，但是并不能成功催产草鱼。亲鱼催产时，卵巢环境对药物的敏感度有很大的影响，若药物过量会导致难产，若用药量不足，又不能成功催产。

本实验的研究任务就是设计一套实验方案，以不同品种的鱼为实验对象，研究HCG在不同鱼类中发挥的促排卵作用及鱼体催产的最适浓度。

【实验原理】

学生自行完成部分。

【实验对象】

学生自行完成部分。

【实验器材与药品】

学生自行完成部分。

【实验方法】

学生自行完成部分。

【注意事项】

学生自行完成部分。

【实验结果】

学生自行完成部分。

【讨论与思考】

如果水温较低，亲鱼成熟度较差时，HCG催产效果欠佳，因此实验中对温度的控制格外重要，且选择亲鱼时应该做初步预判，尽量选择成熟度较高的鱼作为实验对象。HCG的使用浓度也是一个关键点，药物过量会导致难产，若用药量不足，又不能成功催产HCG，因此在实际设计实验时除了设置浓度梯度之外，还应该在实验前对实验用鱼HCG最适使用浓度有大致了解。另外，HCG并不能成功催产所有鱼，那么本实验中HCG对不同鱼类的促排卵作用如何?每种实验用鱼最适合的HCG使用浓度是多大?

（孙志惠）

实验二 重金属离子在克氏原螯虾体内的富集及急性毒性研究

【设计目的与要求】

克氏原螯虾（*Procambarus clarkii*）肉质鲜美，营养丰富，是世界淡水虾类养殖的重要资源。但环境中的重金属如 Hg^{2+}、Cd^{2+}、Cu^{2+}、Pb^{2+}和 Zn^{2+}等会在克氏原螯虾体内蓄积，引起中毒反应甚至死亡。

本实验拟通过设计实验方案，检测一种或几种重金属元素在克氏原螯虾体内各组织中的分布及蓄积情况，并通过观察重金属离子的急性毒性作用，探讨重金属离子对克氏原螯虾的安全浓度，为未来监测克氏原螯虾饲养环境中重金属离子浓度提供理论支持。

【实验原理】

学生自行完成部分。

【实验对象】

学生自行完成部分。

【实验器材与药品】

学生自行完成部分。

【实验方法】

学生自行完成部分。

【注意事项】

学生自行完成部分。

【实验结果】

学生自行完成部分。

【讨论与思考】

不同重金属离子在克氏原螯虾体内的分布是否相同？不同重金属离子引起克氏原螯虾毒性反应的剂量是否相同？克氏原螯虾饲养环境中，重金属的主要来源有哪些？如何才能有效避免重金属离子对克氏原螯虾的污染？

（李 骢）

实验三　淡水鱼类小瓜虫感染的观察与解救

【设计目的与要求】

学生充分发挥自己的创造意识、合作精神，并将所学的水产药理学知识应用于水产药理学实验的选题和设计。通过设计一种淡水鱼类小瓜虫感染的观察与解救的实验，在一定的实验条件和范围内，完成从实验原理、实验对象、实验器材与药品、实验方法、实验结果、讨论到论文撰写的实验全过程。

在实验过程中，学生应观察淡水鱼小瓜虫感染后（白点病）的症状、发病情况及病鱼的异常行为，并刮取病鱼体表黏液，涂片，在显微镜下观察，确定病原，对养殖条件及不同常见药物的疗效进行及时、准确的观察和记录。分析和掌握其发生的主要原因和机制，使学到的基础理论知识与实践的感性认识更好地相结合。

本实验使学生掌握实验设计的基本理论和方法，包括动物选择、实验分组、对照原则、处理因素的标准化等知识，并通过观察不同药物对感染小瓜虫淡水鱼的疗效，掌握小瓜虫病的识别、不同药物防治小瓜虫的临床应用特点，最终达到提高学生发现问题、分析问题、解决问题的能力和树立严谨的科学作风与创新精神的目的。

【实验原理】

学生自行完成部分。

【实验对象】

学生自行完成部分。

【实验器材与药品】

学生自行完成部分。

【实验方法】

学生自行完成部分。

【注意事项】

学生自行完成部分。

【实验结果】

学生自行完成部分。

【讨论与思考】

1．什么养殖条件及环境适宜小瓜虫在淡水鱼的流行？

2．小瓜虫对淡水鱼的病理损伤主要表现在哪些方面？

3．小瓜虫病的识别或白点病的诊断标准是什么？

4．几种不同药物对小瓜虫的杀灭效果如何？其最适浓度在不同时间内小瓜虫的死亡率是多少？

5．影响药物对小瓜虫感染疗效的因素有哪些？药物对成虫和幼体的影响有何不同？

6．药物防治小瓜虫感染的注意事项有什么？

7．实验设计的基本原则，如科学研究中实验设计的三要素研究对象、研究因素、研究效应，统计学的三大原则对照、随机、重复原则如何在本实验中更好地实现？如何通过利用教材和网上资源查阅文献及数据统计方法的选择及应用，在实验中避免或减少实验误差？如何撰写出合格的科学研究论文？

（高明奇）

实验四 镁对鱼类生长发育作用的观察

【设计目的与要求】

1．通过本实验观察镁对鱼类生长发育作用的影响。

2．本实验要求采用随机的方法将实验所用的鱼分为系列实验组和对照组。针对不同的实验组给予不同镁含量饲料，饲养一定时间。

3．观察给予不同镁含量饲料的鱼的生长情况，可以食欲、体重、活动状态、死亡率等为评价指标。

【实验原理】

学生自行完成部分。

【实验对象】

学生自行完成部分。

【实验器材与药品】

学生自行完成部分。

【实验方法】

学生自行完成部分。

【注意事项】

学生自行完成部分。

【实验结果】

学生自行完成部分。

【讨论与思考】

1．本实验设计中，对照组镁含量应该如何选择？系列实验组的镁含量如何选择？

2．镁含量是否越高越好？

3．如何设计一款实验来说明镁对鱼类身体组成（如蛋白质和脂肪）的影响？

（陈再兴）

主要参考文献

陈本亮，张其中，于相满. 2011. 盐酸诺氟沙星在奥尼罗非鱼体内的生物利用度研究. 淡水渔业，41（3）：66-71

陈德芳，汪开毓，肖丹，等. 2010. 丁香酚对鲫鱼麻醉效果的研究. 水产科技情报，37（6）：288-291

成凯，谢丽玲，赵水灵，等. 2011. 黄芩对7种水产动物病原菌的体外抑菌活性研究. 水产科学，30（7）：415-417

高华. 2012. 药理学实验方法. 北京：中国医药科技出版社

高晓华，曹海鹏，侯三玲，等. 2013. 水产用聚维酮碘对异育银鲫养殖的安全性评价. 动物学杂志，48（2）：261-268

谷序文，龚珞军，刘全礼，等. 2011. 亚硝酸盐在水产养殖中的危害及解决办法. 渔业致富指南，22：78-79

归巧娣，任健康，张利侠，等. 2011. 黄芩水提物对耐甲氧西林的金黄色葡萄球菌体外抑菌作用及成分研究. 现代检验医学杂志，26（4）：61-65

郭海燕，陈元坤，朱林，等. 2009. 诺氟沙星在草鱼体内的组织分布和药物动力学规律. 水产科学，28（1）：28-31

韩光明，毕建花，张家宏，等. 2015. 间氨基苯甲酸乙酯甲磺酸盐对泥鳅的麻醉效果. 广东海洋大学学报，35（4）：17-23

何新华，陈雪洋，潘娟. 2015. 聚维酮碘对南美白对虾虾苗的毒性试验. 河北渔业，10：27-30

黄宝美，王秀峰，陈红. 2007. 紫外可见分光光度法测定孔雀石绿的残留量. 绵阳师范学院学报，26（8）：52-54

金天明，孙晓辉. 2002. 敌百虫对鲤鱼的毒性与pH值的关系初探. 内蒙古民族大学学报（自然科学版），17（5）：420-422

鞠晶. 2014. 磺胺间甲氧嘧啶在罗非鱼体内的药代动力学及残留规律. 上海：上海海洋大学硕士学位论文

李爱华，蔡桃珍，吴玉深. 2000. 半咸水、海水对几种渔用抗菌药物体外活性的影响. 水产学报，24（5）：544-548

李春梅，黄永坚. 2009. 丁香酚对鲫鱼、锦鲤麻醉效果的研究. 广西轻工业，10：6-19

李飞，郭建林，张宇飞，等. 2013. 4种常用水产药物对青虾幼虾的毒性研究. 生物学杂志，30（6）：62-65

李晖，李健，孙铭，等. 2013. 氟苯尼考对3种海洋致病性弧菌的体外抗菌后效应. 渔业科学进展，34（6）：107-111

李强，罗永成，李华，等. 2005. 常用抗菌药物和消毒剂对刺参幼体的急性毒性试验. 大连水产学院学报，20（2）：105-110

李霞. 2014. 生物技术综合实验. 咸阳：西北农林科技大学出版社

李永娟，黄燕华，王卫民，等. 2015. 饲料中添加β-葡聚糖对黄颡鱼血清免疫、抗氧化指标及肾细胞因子的影响. 饲料研究，20：49-54，58

林长虹，蒋火金. 2011. 水产用消毒剂临床应用解析. 中国水产，22（6）：66-70

林谦，林炜，叶瑞洪. 2009. 紫外可见分光光度法测定水产品中孔雀石绿含量. 福建师范大学福清分校学报，94：60-64

刘凌云，郑光美. 2009. 普通动物学. 4版. 北京：高等教育出版社

刘凌云，郑光美. 2010. 普通动物学实验指导. 3版. 北京：高等教育出版社

刘益丽，邓霄禹，江明锋. 2013. 溶菌酶抑菌活性及检测方法研究进展. 中国畜牧兽医，40（8）：189-194

刘永涛，艾晓辉，索纹纹，等. 2013. 浸泡条件下孔雀石绿及其代谢物隐色孔雀石绿在半点叉尾鮰组织中分布及消除规律研究. 水生生物学报，37（2）：269-279

马恒东. 2017. 生理学实验教程. 北京：科学出版社

闵清. 2013. 药理学实验教程. 北京：科学出版社

潘自红，李青彬，王亚波，等. 2014. 铁络合光度法测定氧氟沙星和诺氟沙星含量. 化学研究，25（4）：394-397

任洁，崔冶建. 1997. MS-222在鱼体内的分布及排出研究. 淡水渔业，27（1）：23-25

孙艺平. 2009. 邹原医学机能实验学. 北京：科学出版社

泰弗-布朗 KM. 2016. 鱼类应用药理学. 肖丹等译. 北京：中国农业出版社

覃希，黄凯，刘康，等. 2014. 维生素E和硒对吉富罗非鱼（*Oreochromis niloticus*）幼鱼生长及血清抗氧化酶活性的影响. 渔业科学进展，35（4）：77-84

田孟魁，冯喜兰，李爱梅. 1996. 分光光度法测定磺胺类药物的含量. 河南职业技术师范学院学报，24（3）：29-32，61

万译文，黄向荣，李小玲，等. 2015. 孔雀石绿以及代谢物隐色孔雀石绿在鳜鱼体内组织的分布及消除规律. 水产科技情报，42（6）：309-318

汪福，保罗莉，王朝明，等. 2011. 鱼类镁营养研究进展. 动物营养学报，23（6）：930-936

汪健国. 2011. 八种常见渔药的配伍禁忌. 养殖与饲料，9：57-58

王国惠，陈明波，杨振杰，等. 2015. 免疫增强剂对鲤鱼内源蛋白酶活性的影响. 科学养鱼，4：69-70

王国强. 2014. 全国中草药汇编. 3版. 北京：人民卫生出版社

王玉堂. 2011. 影响药效的主要因素与合理用药原则. 中国水产，1：59-61

徐磊，刘波，谢骏，等. 2012. 甘露寡糖对异育银鲫生长性能、免疫及*HSP70*基因表达的影响. 水生生物学报，36（4）：656-664

徐维娜，张鑫，刘文斌．2007．敌百虫对异育银鲫（*Carassais auratus gibebio*）毒性及其影响因素的研究．农业环境科学学报，26（增刊）：68-71
许海东，区又君．2008．鱼类养殖用药解析．中国水产，6：67-68，72
闫茂仓，陈少波，单乐洲，等．2009．海水养殖动物治病弧菌的研究进展．水产科学，28（8）：475-481
于朝磊，常青，吕云云．2014．甘露寡糖对半滑舌鳎（*Cynoglossus semilaevis* Günther）稚鱼生长、肠道发育和非特异性免疫水平的影响．渔业科学进展，35（6）：53-59
张富林，吕世明．2007．丁香酚对鲤麻醉作用的研究．江西水产科技，4：15-18
张富林，吕世明，韩俊伟．2007．丁香酚对鲤的麻醉作用．山地农业生物学报，26（6）：504-507
张洪玉，赵明军，夏磊，等．2011．常用杀虫剂对水产动物的毒性．科学养鱼，3：53-54
张志明，胡盼，姜志强，等．2014．丁香酚对锦鲤麻醉效果的研究．水产科学，33（1）：40-45
张志明，刘东超，丁慧萍，等．2015．间氨基苯甲酸乙酯甲磺酸盐及丁香油对锦鲤血液生化指标及酶活性影响研究．水产科学，34（2）：71-76
赵明军，张洪玉，夏磊，等．2011．常用消毒剂对水产动物的毒性（连载三）．中国水产，22（6）：48-50
郑法新．2006．刺参器官再生的组织学与相关基因研究．青岛：中国海洋大学博士学位论文
郑佳瑞，潘连德．2015．高锰酸钾对红耳彩龟幼体的毒性研究和致畸率的测定．水产养殖，36（10）：15-19
中华人民共和国国家标准 GB/T 19857—2005．水产品中孔雀石绿和结晶紫残留量的测定
中华人民共和国专业标准 SB/T 10317—1999．蛋白酶活力测定法
朱友芳，洪万树．2011．敌百虫对中国花鲈的毒性效应．生态学杂志，30（7）：1484-1490
Cho GK, Heath DD. 2003. Comparison of tricaine methanesulphonate (MS-222) and clove oil anaesthesia effects on the physiology of juvenile Chinook salmon *Oncorhynchus tshawytscha* (Walbaum). Aquaculture Research, 31(6)：537-546
Mourente G, Dıaz-Salvago E, Bell JG, et al. 2002. Increased activities of hepatic antioxidant defence enzymes in juvenile gilthead sea bream (*Sparus aurata* L.) fed dietary oxidised oil: attenuation by dietary vitamin E. Aquaculture, 214(1)：343-361